奈及利亞史

Nigeria

分崩離析的西非古國

黃女玲——著

三民書局

自　序

　　「比起臺灣，奈及利亞彷彿落後了一百年。」有一次我先生開著他的 TOYOTA 房車，載著我和孩子走在拉哥斯馬扎馬扎區到處坑坑洞洞的馬路上時這麼說著。到處坑洞，是因為年久失修，等到開進住宅區，則只剩泥土石頭路了。雨季的時候，往往到處積水泥濘，不僅對工作上學造成極大的不便，連對只是要上市場買菜的家庭主婦，出個門都可以是一樁了不起的工夫。

　　說奈及利亞落後臺灣一百年，其實是玩笑話，笑話背後掩蓋的，是奈及利亞自 1960 年脫離英國殖民獨立建國以來，國體一直不健全的事實。奈及利亞獨立建國前兩年在奈南三角洲所發現的石油，使不健全的國體更加無法獲得真正的發展。1960 年奈及利亞雖自其殖民母國英國獲得獨立，但看似和平轉移的政權，其實其中有詐。覬覦奈石油能源的英政府把政權交予聽命於英政府的豪薩族，如此英國石油公司得以繼續自由的在奈三角洲開採煉油，而掌政的豪薩族當然就坐擁奈國大部分的油財而忽略了同屬奈國的伊博族、優羅巴族以及其他較小族群的利益。

　　如此一來，不難想像奈國人民幾十年來已造就自求多福的工夫。舉世聞名的奈國伊博族作家齊努亞・阿切貝 (Chinua Achebe) 在他的《奈及利亞之患》（暫譯 (The Trouble with Nigeria)）一書

中曾如此寫道：

> 看看我們癱瘓的公共設施；看看我們無效又浪費揮霍的國
> 營集團及州營公司吧！要用電，就買你自己的發電機吧！
> 要用水，就在自家院子鑿個水井吧！要旅行，就成立自己
> 的航空公司吧！我有個朋友跟我說，「我看有一天若你要
> 寄信的話，你得自己建造自己的郵局！」

上述的第三、第四點是誇張了，但發電機和水井倒是真的。
在奈及利亞若要成立公司行號、機構、學校、醫院，那鐵定要先
購有強而有力特大號發電機，因為奈國的電力公司隨時有可能斷
電。一天供電八個小時以上就可以使人民樂歪了，但常常也絕不
會超過十二個小時。（這還是指在都市的情況喔！）全國有超過
一半以上貧窮人口的奈及利亞，很多人連發電機也是買不起的，
就算有發電機，也不一定每次要用電就剛好有錢買汽油來發電，
因為大部分人收入少而且不穩定；月平均所得才不過臺幣三、
四千塊，而且這點錢要養全家五個以上的人口，有時三餐都有問
題，哪來閒錢買汽油發電？用電是如此，鑿水井就更不可能是一
般人能成就的。

筆者所在的拉哥斯市，因有全國各地求發展的人來此租屋，
因此很流行三樓到五、六樓不等的出租公寓大樓。當電力公司不
給電，水龍頭流不出水的時候，大樓住戶就共用公寓大樓房東在
大樓院子所鑿的共用水井的水。而建造這些公寓大樓的，往往都

不是拉哥斯當地的原地主。

　　1960 年奈及利亞獨立建國時，就已形成三大族鼎立的局面：奈佳河、貝努約河以北的領域屬原住在那裡的豪薩族，於是就把北部的幾州大略稱為豪薩族地，奈西南就稱為優羅巴族地，而奈東南則為伊博族地。這三大族當中，就屬伊博族人最積極於發展與建設。位於奈西南端的拉哥斯州雖屬優羅巴族地，但其境內南端的拉哥斯港既是奈國著名的錢潮湧入之處，因此來到此地求發展的伊博族人比比皆是。發展較成功的很多就會向原優羅巴地主買地，有的蓋公寓出租、有的蓋旅館或度假村等。既已知奈國政府不可信任，伊博族人於是更加汲汲營營，個個的理想無非是成為雄踞一方的經濟大亨，營建自己的小天下、小王國。

　　不過，覆巢之下無完卵，這個道理伊博族人當然非常明白。他們就是看見自己被迫歸屬的奈及利亞國之國體有問題，因此想獨立，但經過了三年（1967～1970 年）慘痛的內戰之後，伊博族人心中想建立的比亞法拉國，只好藏在內心深處。但他們也因此變得非常矛盾：「不要再戰爭就好，需要到外族之地發展也好，甚至在他族之地買地建立新根基也好。」但自 2014 年起北方的一個伊斯蘭暴動組織波可·哈瀾興起，造成在北方糾斯的伊博族人（基督徒）屢屢遭屠殺時，在拉哥斯置產的伊博族人就會不知所措：「放棄或賣掉在拉哥斯的資產回故里，好嗎？遠在糾斯的迫害事件，應該不會在拉哥斯上演吧！」難說喔！但如果要伊博族人返鄉發展，則非得比亞法拉國獨立不可，因為伊博族地的三角洲灣及比亞法拉灣是石油生產地。覬覦油財的奈政府和英政府

控制著這地,伊博族人的發展於是嚴重受制。想像若臺灣的各重要港口都受中共控制,那臺灣人如何還能求經濟的發展呢?伊博族人得離鄉背井到外族之地求發展,背後的辛酸與無奈,可以說是奈及利亞國體出現嚴重問題的其中一個現象。

筆者因為夫婿是伊博族人,因此難免寫作本書的角度多少會從我熟悉的觀點出發,但筆者在撰寫過程所參考的資料,很多都是來自優羅巴族背景的奈國歷史學家,如:妥因·法羅拉(Toyin Falola)。比起伊博族人,優羅巴族人雖然比較安於現狀,不過他們在文化、藝術,以及觀察歷史發展的方面,則有伊博族人較沒有的冷靜客觀。舉例來說,還好有這些占大多數的優羅巴族史學著作,筆者寫到古拉克總統的政績時,才不會受我夫婿的看法左右。古拉克總統是奈及利亞獨立建國以來,第一位經由和平政權轉移而上任的具有基督教信仰背景的總統。也就是說,在他以前歷任的奈國總統,只要是經由「選舉」上任的(經由軍事政變的不算),多是清一色的北方人,也就是受英國利用、出賣奈南採油權給英國、信仰伊斯蘭教的豪薩族人。古拉克原在亞拉杜阿總統(豪薩族人)任內當副總統。若不是亞拉杜阿因病在任內過世,古拉克恐也無法順理成章的當上總統。可以想像伊博族人把古拉克的上任看成是奈及利亞翻身的一線希望。當他下令要把「國內燃料消費補助金」全盤取消掉時(詳見本書第九章),看在經濟能力較強,而且推崇古拉克總統的伊博族人眼裡,是石油改革方案的必要手段,但對那些經濟能力較弱的人民,這種作法無疑是雪上加霜,因為政府沒有先行相關的配套措施(如振興國內就業

機會、改善就業市場等），突然之間就要人民以原市價來買燃料（有政府補助時只要付原市價的三分之一或一半），那當然會惹來嚴重的反彈及民怨。還好，寫史的多是優羅巴族人，他們的冷靜可以就事論事的看出這種作法依然是治標不治本。倘若寫史的是伊博族人，恐怕他們要說，這些反彈和民怨是前豪薩政府或是波可‧哈瀾伊斯蘭教組織所煽動的，目的是要反對出身南方、信仰基督教的人掌政。

筆者會著手撰寫奈及利亞史，真的要感謝我的一位讀者朋友陳燕如。身為歷史老師，她鼓勵我善用天時地利之便，接受三民書局國別史叢書的邀稿。必須承認，這對原背景是文學宗教的我，真的是新的挑戰。接下這工作之後，才發現要克服的挑戰比想像的多很多。比如說：原來奈國的學界（高中以下）是沒有歷史課的，因為實不知如何編寫；由各種不同而且互相不合的種族所組成的奈及利亞，不管是從哪個種族的觀點來編寫，都會受其他種族反對，而若要把這些不同的觀點都紀錄一起的話，則勢必出現互相打臉的矛盾。

幸好，筆者夫婿的一位宗族長輩本身是大學教授，經由他的引薦，我得以參考幾所奈國南部大學的館藏，如此，撰寫這部奈及利亞史的工作，才得以進行並完成。

黃女玲

2020 年 7 月

奈及利亞史
分崩離析的西非古國

目 次 *Contents*

第 1 篇

近代以前的奈及利亞地區

城邦、帝國及社會
（西元前9000～西元1500年）

　　西歐列強在十九世紀末期至二十世紀中期瓜分殖民非洲，但早在英國殖民奈及利亞之前的好幾世紀，就有很多不同的族群進出現今的奈及利亞。這塊土地目睹過很多文化、社會、邦國，甚至帝國的興起與沒落。現今奈國的疆界（西與貝寧共和國接壤，西北及整個北部與尼日共和國為鄰，整個東部與喀麥隆共和國(Republic of Cameroon)毗鄰，東北部一小段邊界與查德共和國相接，僅南部的大西洋海岸屬自然的邊界），不是遠古民族根據山川等地理自然界限所劃定的，而是列強在 1885 年的柏林會議中專斷裁定的結果。現今在奈國地域內生存的種族就有兩百多個，很多甚至橫跨國境內外。因此，今日的「奈及利亞人」其實有著根植於遠古所流傳下來的生活方式以及不同的社會架構，而且這些不同的根源對整個西非人文社會的發展有著深遠的影響。

第一節　考古發現及古代社會

西元前 9000 年左右，即舊石器時代晚期，現今奈國西南部的伊沃‧埃勒如 (Iwo Eleru) 洞穴已有原始住民的蹤跡。當然在這之前一定早有人類在這塊土地上居住，但這個舊石器時代晚期人類蹤跡的發現具有幾個重大的歷史意義：第一，普遍臆測這時期在大部分的奈國地域上發生了史無前例的族群大遷移；從北部大草原移往南方森林區，以躲避急促形成的撒哈拉沙漠。第二，這地區的人種就是在這個時期開始使用像石箭頭、石斧等的尖細石器。新石器時代早期尖細石器的使用促進了西元前 3000 年左右陶器的發展，以及西元前 4000 年到前 1000 年間農業的發展。這個別具意義的新石器時代大遷移及尖細石器的發明，使狩獵及採集維生的活動逐漸減少，因農業活動帶來定居，從而造就村落及部落的形成。考古研究顯示伊沃‧埃勒如洞穴有明顯兩個發展階段：西元前 10000 年至西元前 5000 年左右的石器使用，是陶器製造工藝尚未開始的階段；到西元前 5000 年至西元前 1500 年間石斧的使用及陶器製造藝術發展的階段，標示著逐漸走向農耕定居的村落形成期。

新石器時代從狩獵轉型至農耕畜牧的定居生活型態，標示著不同部落之發展的起點；這些說著不同語言的不同族群，是今日奈國境內兩百多個種族的始祖。西元 1000 年間，有些族群已發展出結構散放的非中央集權政體，但大約在西元 1100 年左右，

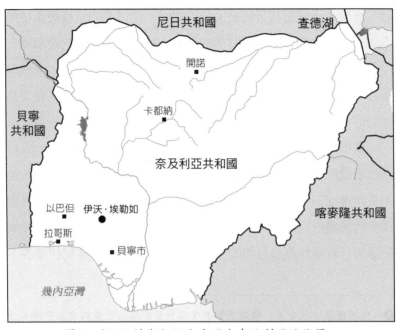

圖 1：伊沃·埃勒如洞穴在現今奈及利亞的位置

另有些族群已經演變出此地區首度大型的中央集權國家。有些學者誤以為實行非中央集權政體的族群不算是「國家」，但事實上這種政體絕非無政府狀態；這樣的文化社會其實是分權制，因其政府的體系階級乃以一個個的部落為單位，即每個部落各有其自治的政府體系，但這些自治單位還是一統於同一的文化認同之內。所有在今日奈國境內的古代族群一開始應該都是分權制，事實上，在奈國境內許多區域在中古社會已為君王專制的同時，奈國中部地帶及東南部的文化社會依舊沿用分權制。奈國東南部的伊博族（Igbo，現今奈國的三大族群之一）一直實行非中央集權

制，直到二十世紀初英國殖民統治期間。伊博族的行政體系特徵為：一，政治權力奠基於村落的長老；村落中重大的決定事項，由長老們負責審理。二，幾個村落合起來屬一共同部落，一個部落有一個大的市集地，這個市集地同時也是部落開會的所在；在個別的村落中，每個村中的成員都有權力對村中的事發表意見。三，就部落的事務來說，乃由秘密社會 (secret society)❶ 的成員來代表他們個別所屬的村落發言。四，部落階層所做的決定，並不是非遵守不可，個別的村落還是可以選擇要不要執行部落秘密社會的決議所定的方針，沒有人能強迫任一村落屈從。五，每個部落的行政運作都是自治的型態，但所有的部落都屬於伊博族：

---

❶ 伊博族秘密社會是一種結合宗教信仰力量的統治社會的政治手段，由不同村落中領有頭銜的男人所組成。只有男人，而且是富有的男人才有資格領頭銜。舊時伊博族人把頭銜看成是財富、品德，以及社會政治地位的證書。要領頭銜需要花很多錢請法師執行複雜的宗教儀式，並顧求先祖的神靈加持。伊博族人認為去世的人絕非死了就不復返，相反的，還會以某種不朽的狀態存在於人間與靈界的交接地帶，而且人若以法術加以祈顧，便會回來生前所生活的村落。秘密社會除了需要決議部落的重大事件，也會在收成時跳舞與村民同歡。他們須執行的功能還包括屬行宵禁、維護村民的安全、仲裁村落間的民事糾紛等。秘密社會成員在執行任務時，會全身披上椰子樹葉編成的「衣裳」，戴上假髮及木製面具，這是為了使村民看不出其真實身分外，也是為了仿效並召求某先祖的靈來附體加力，藉由祖靈附身執行仲裁。不同村落會有不同的長老，這些長老負責該部落的社會秩序的管理，不過這些長老他們的集會或組織，都不會對其村民公布，故名「秘密」。

都使用伊博語、遵從相似的信仰，而且遵守部落間的慣例制度，如部落間的通婚、秘密社會成員資格地位的確定，還有遵從神示所給予的神諭❷。

第二節　帝國的興起及種族認同

西元十一世紀左右此區已出現一些由分權制轉為中央集權政體的國家。到了十六世紀，重要的中央集權國家有位於現今奈國西南部的依非帝國 (Ife) 及貝寧王國 (Benin Kingdom)、奈國東北部薩海爾查德湖區的卡內姆－波努帝國 (Kanem-Borno)，以及中北部大草原區的豪薩族 (Hausa) 諸國。西南部的依非帝國首府位於現今奈國歐順州 (Osun) 境內，被譽為是優羅巴族人（Yuroba，是現今奈國三大族群之一）的發源地。優羅巴族的神話宣稱依非帝國是由一位傳奇男子歐杜杜瓦 (Oduduwa) 所創立；有的故事說他來自聖地麥加，另有故事說他是聽從歐巴塔拉神（優羅巴族語

---

❷ 崇拜神示的信仰系統 (Oracle system)：在伊博族的信仰體系中有位宇宙萬物的創造者稱為曲古 (Chukwu) 或祈納給 (Chineke)。要接近曲古需透過其他位階較小的神靈，如雷神。他們也相信祖先的靈會持續保護後代子孫。要祈求風調雨順、豐收、健康，及子嗣，就要祈求祖靈開示相助。供奉地神的神示所會飾有畫著地神的畫布，其他的神示所會供奉代表祖先或守護神的木雕像。這些神示所以及村落的傳統祭司，依然標註著伊博族人的傳統信仰，不過，對現代的伊博族人來說，基督宗教已成為顯教。

稱天神為 Obatala）的命令下凡來到人間的。不過，他所以被視為優羅巴族人的遠祖，最主要是因為他在依非建立帝國的奇功。依非帝國的王位不是嚴格的世襲制，偶爾也會由城中的富者擔任國王。權力集中依非城的結果，使得依非得以在十二到十五世紀之間取得該區的支配優勢。在這期間，依非城大部分的馬路甚至還由陶瓷碎片鋪成一個個的魚骨花紋。此區二十世紀考古出土的著名青銅雕刻，精雕細琢，也證實依非的文化藝術在當時獨領風騷。依非城在政經文化各方面的成就，自然成為優羅巴族人的認同與依歸；優族的宗教感受性、政治制度及文化習俗都源於依非。依非的神秘宗教儀式，可能要歸因於其創建人，也就是依非帝國的首任君王歐杜杜瓦的傳奇神人色彩。事實上，雖然依非帝王直接管轄帝國的政治事務，但他的有形影響力絕對無法擴及所有的優羅巴族群；因此，依非帝王借助宗教力量，不僅是政治領袖，也是宗教領袖。這也說明了為何依非帝國沒有靠軍事力量來鞏固其影響力；依非根本沒有常設軍隊。到了十六世紀時，即使依非的政經力量已被當時興起的歐由帝國 (Oyo empire) 所凌駕，依非仍然是優羅巴族的宗教權威中心，歐由的君王甚且還持續對依非納貢。

　　葉都族人 (Edo) 的貝寧王國曾經擴張到西與優羅巴的區域接壤，東以奈佳河 (Niger River) 為界，其面積涵蓋今日葉都州的大部分以及三角洲數州 (Delta States)。葉都族與優羅巴族雖不是同部族，但在歷史上此二族關係密切。事實上，貝寧王國的政治體系與依非帝國的政教合一制有很多相同之處，因十四世紀時貝寧

特別延請西鄰依非派遣一位國王來治理他們。大約從西元十世紀興起的貝寧王國原本由歐吉索 (Ogiso) 家族王朝治理，但多年的失政使此家族終於在十四世紀初遭推翻，繼起的共和政府也維持不久，於是葉都族向依非求助。當時依非帝王派遣他的兒子歐蘭密彥 (Oranmiyan) 前去。一來到貝寧歐蘭密彥就認定，治理貝寧的君王必須具有葉都族的血統，他於是與當地一女子生下一個兒子艾維卡 (Eweka)，長大後艾維卡便成了貝寧第二王朝的首任君王。這個王朝一直延續至今，不過當然已不是昔日的格局。

　　仿效依非的貝寧王國也認定其政權來自天神，不過貝寧的君王有一組顧問，由當地宗族的世襲首領所組成。西元 1440 年左右，艾瓦略王 (Ewuare) 給貝寧王國的政治系統帶來重要的改革。首先，他發展出週年祭典儀式，慶祝王權與靈界的密切關係，如此，把他的王職進一步神秘化。第二，他重新組織王國，把宮廷與周圍環繞的市鎮劃分開來。他除了築城牆把宮廷與周邊區隔開來，也以不同的行政治理方式來做區別。市鎮的行政體系由地方酋長所組成，但宮廷內則實施實力政治：族群內任何有優越技能的人，就有機會擔任宮廷裡的職務。這樣的重整安排大大增強貝寧君王的威權。

　　貝寧王權的增加也是因為艾瓦略以及後繼的君王以軍事擴增領土的關係。艾瓦略是貝寧的首位戰將君王，貝寧本來只是面積七百多平方公里的小王國，在他東征西討之下，西邊的一些優羅巴族以及東邊的一些伊博族都給驅散了。

　　就經濟上而言，帝國領土的擴張對貝寧當然有利。依附貝寧

的族群必須向貝寧王納貢，而貝寧王則把這些進獻的資源拿來改善城市的功能或與其他文化的社群交易。對進城做買賣或通過貝寧城河水道者，貝寧王也會收通行稅和過橋費，結果貝寧市變成和依非一樣，成了經濟活動的中心；城中有工匠、藝匠（貝寧因它特別的青銅雕刻著名）、裁縫師、木匠等等，這些技職工匠還組成互助協會。在外圍區域的人民依然大部分務農，貝寧市鎮是他們農產的銷售市場，而他們帶來的資源也豐富了城市。擴增領土的戰爭，使貝寧捕捉了大批的奴隸，十六世紀後，奴隸成了此區與歐陸交易的主要資源，貝寧王國也因此更形富強。

依非與貝寧代表十六世紀前奈西、南方森林區的最大型中央集權國家，而同時期的奈區東北方查德湖薩海爾區的中央集權政體代表，則是卡內姆－波努帝國。卡內姆的神話中曾說，原來的卡努利住民 (Kanuri) 是撒哈拉沙漠來的移民匝哈瓦民族 (Zaghawa) 與原住查德湖區的農耕族群通婚的後代。

坐落於查德湖東北邊的卡內姆城得以發展富強，除了因為境內發達的農業活動之外，也因為它位於跨撒哈拉沙漠貿易活動的要道。這樣的通道把奈中、南方的森林及草原區與北非的貿易市場連接起來。卡內姆的政體奠基於「瑪依」(Mai) 的王職架構；瑪依是源自薩伊法瓦 (Saifawa) 王朝的世襲君王。瑪依有一個集權中央的官僚系統，由領有頭銜的官員所組成，負責執行瑪依的命令。卡內姆有大隊的常備軍，負責對帝國周邊區域的人民屬行帝王的統治。到了十三世紀卡內姆已收併了查德湖南部、西南部，以及北部各區的土地，發展成大型帝國。卡內姆利用軍武向

人民課稅、收取貢物，並藉此鞏固其帝國的權勢架構。

　　然而從十三世紀起，內憂外患使卡內姆逐漸瓦解。終於，一個不滿卡內姆統治的布拉拉族 (Bulala) 成功的組織攻擊卡內姆，使得薩伊法瓦王朝的統治者放棄該城而移往查德湖西邊。還好1470 年左右阿里嘎佳瑪依 (Mai Ali Gaja) 興起後，其建立的波努帝國使帝國再度穩固發展。阿里嘎佳在嘎匝嘎姆 (Gazargamu) 設立的新首都，位於優貝河 (Yobe River) 的重要軍事位置上，而且介於西邊的礦產豐富區和東邊的農業區之間。和卡內姆城一樣，嘎匝嘎姆也位於跨漠貿易的要道上，方便透過貿易聚集財富。阿里嘎佳後繼的君王積極與西邊蘇丹區、中撒哈拉區，以及北非地區的其他重要國家發展關係來增強波努的國力。到了十六世紀末伊主利斯・阿羅馬瑪依 (Mai Idris Aloma) 努力收復先前被布拉拉族搶走的區域，於是原來的帝國便與後來繼起的波努帝國合併為卡內姆—波努帝國。

　　波努帝國南邊的鄰居是糾坤諸邦國 (Jukun States)。糾坤族所建立的國家有幾個屬富強，但也有很多弱國。糾坤諸國北邊與波努為鄰，南以克羅斯河 (Cross River) 為界，西邊則一直延展至糾斯高原 (Jos Plateau)。在糾坤族的神話傳說記述中，糾坤與卡努利族關係密切，宣稱此二族都是來自聖地麥加附近之移民的後代。他們遷移到撒哈拉沙漠後，此二族才分道揚鑣，一支建立卡內姆帝國，另一支則繼續南移，建立糾坤諸國。這些國家當中最大最富強的是科羅羅法 (Kororofa)，大約於十四世紀間立國。十五至十六世紀之間，科羅羅法運用其軍武，把其他的糾坤邦國

掌控於旗下，於是得獲有富庶的農地、牲畜、野生動物、鹽及鐵礦蘊藏。以這些資源與周邊國家的交易所得，加上臣屬國的進貢，科羅羅法逐漸富強。

豪薩族的歷史紀錄中，普遍把糾坤諸國視為是豪薩族諸國擴張的阻力。十七世紀末內部的政治壓力加上旱災使科羅羅法國力銳減，於是其他興起的糾坤國便取而代之，但繼起的國家沒有一個強過昔日的科羅羅法。

現在奈國三大族群之一的豪薩族，一般認為其邦國的基礎建立於西元九到十世紀之間，然而其國力的興起要等到十五、六世紀，比起此區大部分其他中央集權國家都還要晚。豪薩族的崛起部分原因是周遭帝國勢力逐漸衰微：其東邊的第一卡努利帝國 (First Kanuri Empire) 及西邊蘇丹的馬利王國 (Mali Kingdom) 和松海王國 (Songhay Kingdom) 於十五、六世紀間相繼瓦解。那時國力已穩固的豪薩邦國，趁機使跨漠貿易的重要路線，從馬利和松海，轉移至中央大草原。豪薩諸國的君王藉由採用伊斯蘭信仰，鞏固對領土與人民的轄控權，另一方面也改善與同樣信奉伊斯蘭教的撒哈拉族群以及北非族群的貿易關係。

豪薩族的傳統故事同樣也宣稱其民族源頭來自中東聖地麥加附近遷到北非的移民。連結豪薩諸邦的一開始只是其共同語言：豪薩族語；一段時間之後它們也有了共同的信仰：伊斯蘭教。但就行政管理上而言，每一個豪薩邦國都是自治的：在這個階段每個豪薩邦國國民（如開諾國 Kano、卡齊納國 Katsina、匝利亞國

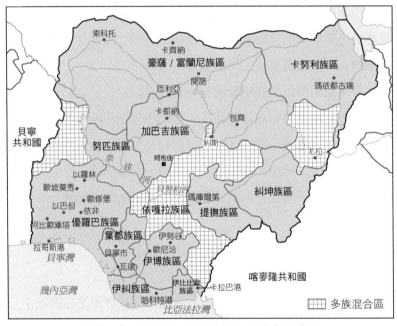

圖 2：奈及利亞主要族群及主要城市分布圖

Zaria、勾畢爾國 Gobir 等等）比較認同個別所屬的國，而比較不認為與其他諸豪薩邦國一統於豪薩族。

豪薩族各國的政治結構都有些相似：每一國都有各自的國王，每個王都有一支龐大的官僚，負責掌理各種不同的經濟活動業務。豪薩諸國所在的大草原，多是富庶的農耕地，龐大的牲畜產物也是促成豪薩族群富裕的因素，而且，由於是坐落於跨漠貿易要道而發展成的邦國，城鎮於是擴展迅速，移民從各個不同的區域湧入，尋求買賣或工作的機會。

豪薩諸國得以發展茁壯的另一個重要因素是源自西蘇丹以及游牧民族富蘭尼 (Fulani) 的移民，他們不僅把伊斯蘭教引進豪薩諸國，而且還使這個區域從十四世紀初起貿易逐漸興盛。從十六世紀起到二十世紀初，豪薩族的開諾國、卡齊納國、匝利亞國，及勾畢爾國在不同時期相繼成為北方大草原上的支配國。

第三節　伊斯蘭教的引進

伊斯蘭教首度進入現今奈國地區的文化社會中是在西元十一世紀末，那時卡內姆王胡瑪依 (Humai) 據傳已改信伊斯蘭教。當薩伊法瓦王朝改在嘎匝嘎姆建立波努帝國時，伊斯蘭教便由此西傳入當時已逐漸興起的豪薩諸國。十四世紀初從西蘇丹的馬利及松海王國移居到此區的貿易商／傳教士，還有十五世紀來到這裡的富蘭尼游牧民族，也把伊斯蘭教的影響力傳給豪薩諸國。第一位皈依伊斯蘭教的豪薩國王是開諾國的雅吉王 (Yaji)，他在 1370

年改宗。

　　雖然這時伊斯蘭教尚未傳入現今奈國的中南部森林區，但從此直到十七世紀中，其他豪薩諸國也跟著紛紛改宗。對豪薩和卡努利的君王來說，伊斯蘭教的魅力無法擋。伊斯蘭教使豪薩和波努等諸邦國透過貿易和政治關係與非洲內外甚至歐洲的伊斯蘭世界連結，這給國家帶來諸多的政經利益。這些國家的君王採用伊斯蘭教後所享有的好處有：一，伊斯蘭教的儀式及說讀寫系統賦予統治者特殊的宗教知識，君王利用這樣的知識來包裝自己，在人民心中塑造出強有力的神靈形象。二，伊斯蘭教帶來了一位新的、而且更強大的神祇——阿拉，原本信奉多神的君王，現在可以祈籲阿拉在戰事、家國、甚至個人的事上，予以相助加力。三，豪薩及卡努利諸王與其他在蘇丹、撒哈拉及北非的伊斯蘭政權所建立的關係能加強他們本身的國力，需要時可以請求聯盟，平時則可以與其他強大的伊斯蘭國家建立貿易關係。

　　豪薩諸國和波努帝國的君王與其他廣大世界的伊斯蘭國家發展關係的方法有：一，傳播伊斯蘭教義的學習。四處巡迴的伊斯蘭學者常會穿越大草原及薩海爾區，有時邊旅行邊教授伊斯蘭神學，有時也會在某處久住以設立《古蘭經》學校，教授王公貴族的兒子們伊斯蘭神學的基本教義，慢慢地，便發展出較固定的伊斯蘭學校，叫做瑪德拉撒斯 (Madrasas)。這些學校訓練出來的學生則成為國家社會的權力階級：如地方首長、書記或伊斯蘭神學家。到了十五世紀波努帝國就有至少兩所瑪德拉撒斯。到 1650 年時，豪薩族的卡齊納國也有一所完善的瑪德拉撒斯。伊斯蘭獎

學金的設立也加強奈及利亞與境外伊斯蘭教國家的聯繫，如豪薩諸國或卡努利王國遣送學者出國研讀伊斯蘭神學。這類舉動至少可追溯至西元 1250 年左右，那時卡努利的學者在開羅設立大學，豪薩諸國及波努帝國也藉由讀寫能力的訓練及研讀《古蘭經》讀本來傳播伊斯蘭的宗教觀，就這樣豪薩族和卡努利族的統治者得以藉由伊斯蘭信仰的傳播，與廣大的伊斯蘭世界保持聯繫。

　　第二個方法就是每年到聖地麥加的朝聖活動。《古蘭經》上言明，任何有能力的穆斯林，一生至少要到麥加朝聖一次。豪薩和卡努利統治者朝聖的目的不僅要揭示他們的信仰堅定虔誠，同時也是要向其他的伊斯蘭國家彰顯他們的財富與權力。到麥加朝聖也給貿易活動提供很大的機會，朝聖者回國時往往帶回很多在異國買的奢華物品。

　　只是，豪薩諸國和波努帝國的伊斯蘭信仰在這個時期既非正統也尚未普及。一般務農的豪薩族人和波努帝國的人民在這個時候根本無從接觸伊斯蘭信仰，因為移居於此的穆斯林學者只在貿易城市或宮廷匯集。即便是已改宗的豪薩族國王或卡努利族的統治者，其伊斯蘭信仰也只是流於表面，教規還灌入大量的傳統宗教儀式，這是因為統治者除了藉由改信伊斯蘭教來增加其權力之外，也還是需要與其非伊斯蘭信仰的子民保持聯繫。這個時段在豪薩族的國土上，信奉地方神祇的波利崇拜 (Bori cult) 依然是宗教活動的主流。

第四節　跨撒哈拉沙漠的貿易活動

在西非，伊斯蘭教的發展與跨撒哈拉沙漠的貿易活動密不可分。從西元第十、十一世紀開始，伊斯蘭教變成長途貿易商們的主要宗教信仰，因此，伊斯蘭教就隨著這些貿易商傳播給上述各國的統治者。這些貿易商因著相同的信仰而認同彼此；伊斯蘭教讓他們有共同的價值觀，而他們也依據伊斯蘭教建立貿易法則。早在波努帝國和豪薩諸國建立之前，跨漠貿易已行之有年，而且直到二十世紀，跨漠貿易一直是大草原及薩海爾區的重要經濟活動。

一般認為跨漠貿易的黃金時期是在十四到十六世紀之間。這個時期主要的貿易「貨品」是黃金與奴隸。從十一世紀起黃金在此區變得越來越重要，因為那時很多伊斯蘭國家都改用黃金為主要的貨幣。到十三世紀的時候，連歐洲國家也改以黃金作為貨幣，因此黃金的需求量更是大增。廣大的黃金礦藏就位於迦納王國、西非森林區，以及今日奈國的西部。到了十三世紀，馬利王國因成為西非最大的黃金採集國而興起壯大。為了把這些漠南的黃金運到北非各國及歐洲國家，便發展出詳盡的貿易網。

那時橫跨撒哈拉沙漠大約需要七十到九十天的時間，依採取的路線而定，整個過程費時艱苦，而且資金支出龐大，因此每趟旅程得運送大量的貨物才有收益。這樣的旅程非常需要補給，最重要的是馱獸。一開始使用的是驢子，慢慢的才發現駱駝才是最佳選擇，因駱駝能很有效能的橫渡沙漠，而且長途跋涉也不需

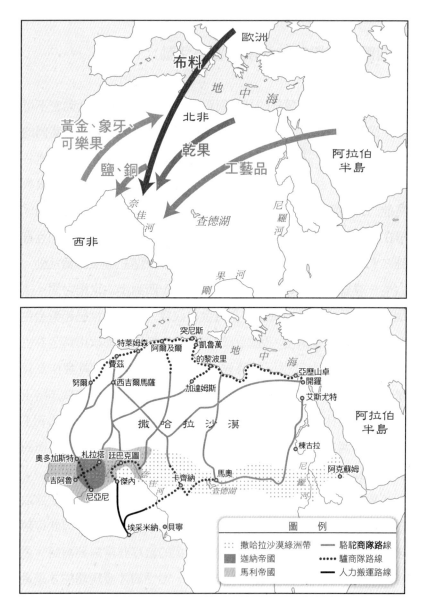

圖 3：撒哈拉沙漠貿易路線圖

常喝水。

　　跨漠的路線隨時間而有所更易。原本主要路線經過西蘇丹的馬利和松海王國，但到了十五、六世紀這兩個王國相繼瓦解之後，路線便東移改經過豪薩國境。運送的貨品隨時間也有所不同，但黃金不論什麼時期都是重要貨品。從十六世紀起，奴隸漸漸成為買賣的重要商品，特別在中央大草原一帶。除此之外，鹽、皮革製品、武器、馬匹、織品也運送到遠地販賣，如北非、中東以及歐洲。

　　從十六世紀起，隨著歐洲人在南岸幾內亞灣一帶的活動漸增，跨漠貿易的熱絡程度也逐漸減少。歐洲的船隻漸漸變成運送貨物的重要載乘器，特別是載送西非的奴隸前往歐洲販賣。不過，跨漠貿易活動依然不變，繼續為北非及中東補給物資，直到十九世紀為止。

第五節　非洲土生土長成的國家

　　不可否認，移民藉著發展貿易及傳播伊斯蘭信仰，促使位於森林地帶、大草原及薩海爾區的國家發展為中央集權政體，但千萬不可把移民視為此區邦國形成的唯一因素。這個時期在這裡發展成非中央集權和中央集權的國家，本質上都是土生土長的。它們的根源起於西元前 3000 年前，此區開始以農業為經濟基礎來發展。雖然這些國家歡迎移民所引進的貿易與財富，還會採用他們所引介的政經或文化特質，但這些國家依然保留它們的非洲傳

統與起源。此外，雖然此區形成的每個邦國多多少少都採自治系統，但不管是中央集權或非中央集權，這些國家在這個時期都彼此有所接觸，因此各邦國之間已發展出複雜微妙的政經及文化關係。

　　很多學者原本以為大部分非洲的人民沒有國家形成的觀念；他們認為任何集權中央的概念，都是非洲以外地區的人所引進的。這種以為所有複雜精密的政經社會制度必定由非洲以外而來的論點（稱為哈姆論 Hamitic thesis），近幾十年來遭到嚴重質疑。現在研究者普遍相信，此區形成中央集權政體的基礎結構，早在外來影響進入之前就已存在：一個逐漸明朗的事實是，很多前面提及的中央集權國家，其前身具有非中央集權系統之基礎，因此其邦國之形成，絕非純粹外來因素。

　　持哈姆論的學者一般採取的證據是這些中央集權國家起源神話中所聲稱的創國者乃來自非洲以外，如聖地麥加。這種論點很有偏差：其一，雖然很多此區國家的起源神話指出邦國是由外來移民創建的，但不是所有國家的起源神話皆如是說。很多此區原本固有的傳統不但存在，而且還流傳下來。其二，舉卡努利和豪薩族的起源來說，前者創國者匝哈瓦及後者建國者巴亞吉達 (Bayajidda) 都來自中東，但他們來到此區時所接觸的原住民似乎已有特定的社會結構，如巴亞吉達來到道拉 (Daura) 時，他們已有位皇后，而卡努利的神話指出，其原來的住民以農業維生。這些都間接證明原本固有的非洲社會政治制度是後來邦國建立的基礎。

　　西非中央集權國家的王位制度也指出哈姆論的謬誤。持哈姆論的學者認為出現在非洲國家的「神授王權」觀念，與埃及及近東的王權制度相仿。然而近來後續的研究指出，當時在現今奈國境內所發展的國家王權有很多不同的類型，但沒有任何類型與埃及或近東的王權制度有關，因為他們並沒有把他們的國王看成是化身為人的某永恆神祇。此區大部分的王權特色是王位與神靈世界關係密切，但國王本身並不是神靈或超自然現象。事實上，此區的王權制度比較有可能起源於這裡非中央集權國家借神靈力量協助統治的制度；這種王權制度認為政治權力有部分得借助於神靈的力量。一個很好的例子就是盛行於很多非中央集權社會的秘密社會制度；這種制度以族群領導人員組成秘密團體來控制支配族群傳統生活的特定活動或議題。秘密社會的控制權力乃藉由祈籲神靈護持而來。另一個王權奠基於神靈力量的由來很可能源於非中央集權社會的神示系統；此系統以祭司來傳達神靈的意思。這種以人來監護神靈旨意的系統經過一段時間的演化，也很容易轉變成「神授王權」。

　　上述這些國家，不管是中央集權還是非中央集權，都是透過貿易維持彼此的關係。貿易是聯繫不同文化社會最重要的因素；就經濟層面而言，沒有任何區域是有辦法自給自足的，各區域之間需要仰賴彼此互通有無，因此各族群之間維持良好關係非常重要。國與國之間貿易路線的維持需要所有族群的成員通力配合，如除草闢道、維護安全以及執行其他能使貿易活動通暢方便的職責。

　　貿易不是不同族群之間維持良好關係的唯一活動。一些像是同僑群組 (Age groups)❸、秘密社會、以及神示系統的運作等社會文化組織，也為不同族群之間提供彼此的認同與支持。

---

❸　幾個世紀以來，同僑群組的辦法為村落生活扮演重要的角色，特別是伊博族。伊博族（特別在殖民統治之前）並不像一般民族般一統於一方，而是個別依附所屬父系族人散居於現今奈國的雨林區。幾個村落合屬於一個部落，每一單位村落最多平均有五千人；一個部落有共同的市集、共同的集會地、及共同的信仰崇拜。統治管理同一部落的是他們的長老組、宗族的首領、以及村中的顯貴。長老組就是同僑群組中的最上層。每一同僑群組由年齡相差不過三到五歲的人所組成。這種組織能建立同僑團隊合作的精神、培養責任感，是一種對族群很有助益的文化社會組織。有青年組、壯年組及長老組。早期，一開始形成青年組會擔綱捍衛部落、抵禦外侮的職務；現今青年組的職責改為督促族群的基本發展需要，如興辦學校、興建電力水力供應設備。

奴隸制度與邦國建立的關係（1500～1800 年）

第一節　奈南奈佳河流域的奴隸制度與社會型態

　　十六到十八世紀之間在奈區域上以農業為基礎所建立起的大型中央集權國家，已聚集足夠的盈餘以發展區域間及國際間的貿易。而國際貿易的重要「商品」之一就是奴隸的買賣。

　　從十五世紀中到十九世紀末因跨大西洋的奴隸販賣而造成在美洲（尤其美國）曾經盛行一時的蓄奴制，其實與在非洲社會實行的非自由勞役制度非常不同。在奈區內奴役制度有各種不同的形式，而且比較複雜，但比起在美國的黑奴所遭逢的境遇，不僅比較和善，而且也比較能與其置身的社會融為一體。大草原上的豪薩諸國以及薩海爾區的波努帝國有長期沿襲的奴役傳統，大體

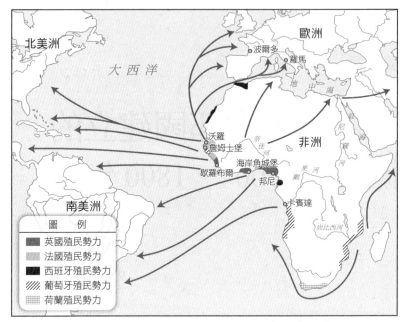

北美洲

歐洲

大西洋

波爾多

羅馬

地中海

沃羅

詹姆士堡

奈佳河

海岸角城堡

非洲

歐羅布爾

邦尼

卡賓達

南美洲

剛果河

尼羅河

果河

尚比西河

圖　例

■ 英國殖民勢力
■ 法國殖民勢力
■ 西班牙殖民勢力
▨ 葡萄牙殖民勢力
▦ 荷蘭殖民勢力

圖 4：十八世紀非洲殖民勢力與販賣奴隸路線

上不是家僕就是國家軍隊的成員。對於如何取得、對待及釋放奴隸，伊斯蘭教的《古蘭經》都有明定法規。在奈區的南方地帶，社會奴役制度應該也是由來已久，但在十六世紀之前，沒有任何史實能指出這地帶的奴役傳統等同於奴隸制度。但從十六世紀起，奴隸制度逐漸變成盛行的社會現象之一，然而與此同時，其他形式的社會奴役傳統也持續並行。

　　另類社會奴役傳統的其中一個例子就是以人作為典押；通常會是家長把他其中一個孩子典當給他的債權人的家庭當長工，直到債務清償為止，而同時這個當典押品的孩子在另一家庭所付出

的勞力就當作是債務的利息。年輕女孩通常是最有價值的典押品。如果當典押品的女子嫁入債權人的家庭，則其原生家庭所欠債務就一筆勾銷，並且兩家因婚姻關係而結為親家。如果作為典押的孩子在其原生家庭償完債務之前就在債權人家中過世，則欠債的家庭必須另派一個孩子過去作為取代。可見，作為典押品的孩子於其原生家庭償完債務之前被安排暫時成為債權人家的一分子。這種社會性的奴役傳統連同奴隸制度並行直到二十世紀。

　　此區大部分國家社會裡，社會關係最重要的一環是親屬關係。親屬關係的脈絡涵蓋環環相扣的宗系，每一宗系的人皆來自共同祖先。宗系與宗系之間可藉由婚姻而連結，如此親屬群得以擴張。每個個人的歸屬認同都是以親屬關係的連結系統為中心。以人為典押品的作法是一種允許不自由之勞動者繼續維持其親屬關係的奴役傳統，而且若嫁入債權人的家庭，宗系親屬的關係還得以因此而擴增。

　　但一旦成為奴隸就不可能再與原生親屬宗系維持聯繫。成為奴隸者可能先是戰俘、或是遭擄獲、或是因罪行被判為奴隸。奴隸會被賣到遠方，買主當然屬於截然不同的親屬宗系。因此奴隸不得再與其親屬聯絡，原生家庭保護不了他，因此得完全隸屬於其主人。賣得越遠的奴隸越值錢，因逃走的可能性越低，越有可能適應新環境，融入新的文化社會。年輕奴隸因適應力較強、精力較盛，因此比較值錢。年輕女奴也會比較看好，因具有生育能力，變成妾室的可能性較高。

　　就因為奴隸不得與其親屬聯繫，因此比起其他像典押孩子之

類的奴役形式，用途多更多。奴隸可以變賣為錢，或換取貨物，也可以把奴隸當禮物送給家人或政治上的擁護者，或當貢品獻給君主。傳統宗教儀式還把奴隸當犧牲的人祭。非奴隸的奴役者就不能被拿來做上述這些用途。女奴通常除了當家僕之外，也常被拿來滿足性需要，尤其在北大草原區的伊斯蘭教國家社會裡，女奴常成為富有顯貴者的妾。因此，跨撒哈拉沙漠的交易場上，賣到北非及中東的商品中，女奴往往最昂貴，數量也最多。

　　雖然這種奴隸制度公然的給為奴者加上種種不利的條件，但在大部分的非洲社會裡，奴隸的功能不僅不同於美國的黑奴，所受的待遇也較有人性。非洲社會不會把奴隸歸為奴隸階級。他們通常會與擁有他們的人家住在一起，隸屬於他們，而且所做的工作，往往也與主人家庭成員所做的一樣：主人家務農，他們就跟著忙農事；主人家做工藝，就跟著做工藝。奴隸會受隸屬的人家同化，而且隨著時間的推移，也有可能嫁入主人家做媳婦（或娶主人家的女兒為妻），如此就能因著婚姻關係，名正言順的成為自由人，其後代同樣也會是自由人。

　　而在大草原上，奴隸制度則受伊斯蘭法的規範。《古蘭經》明定可以奴役非穆斯林。波努帝國與豪薩諸國就位於伊斯蘭教世界的邊緣，因此，鄰近區域的大批非穆斯林，就成為他們奴役的來源。伊斯蘭教也明文規定要和善對待奴隸，並規定要幫助奴隸融入伊斯蘭社會。原則上，一旦奴隸皈依伊斯蘭教，就能成為自由人，因為奴役同是穆斯林者是為有罪。雖然這樣的理想並不總能受到實踐（大草原區伊斯蘭教統治者常抱怨他們的敵對者搜捕

他們信伊斯蘭教的人民，逼迫他們成為奴隸——這種亂象可以想像，因為奴隸既是高價商品，國與國之間便常為捕捉人為奴隸而交戰）。但《古蘭經》關於奴隸制度還有別的規定：女奴一旦與自由人生下第一個孩子，便成為其妾室，任何人因此無權再拿她去賣，而她的孩子也自然成為自由人。另外，依據《古蘭經》，釋放奴隸也是一種普遍的贖罪方式。

足見，在奈區的國家社會沒有世襲的奴隸制，總有管道可讓奴隸恢復自由身。而奴隸既因用途廣而成為高價商品，奴隸市場總會存在。奴隸的地位也不總是卑賤，身為貴族或皇室的奴隸常在軍中或國家行政事務上，扮演重要角色。有的奴隸甚至變得權位重大，而成為宗系的首領及地方首長，甚至因此擁有自己的奴隸。

在非洲社會，奴隸是商品，奴隸也能隨時間漸漸融入所處的社會脈絡，而不會像美國黑奴那樣難以翻身；奴隸的功能主要是協助自由人的勞務，而不是使自由人不用做事。幾個世紀以來，奴隸是跨漠貿易的主要商品；而從十六世紀起，奴隸更是奈南人民與歐洲人在幾內亞灣所從事跨洋貿易的重要商品。這些不同區域的奴隸販賣與奈區從事這類貿易之國家的政治發展息息相關。

第二節　北方大草原的奴隸販賣促進邦國的富強

跨撒哈拉沙漠的奴隸販賣一直是此區邦國擴張鞏固的一個重要因素。

　　波努帝國所做的奴隸販賣，大約在十六世紀達到高峰。在這個時期波努帝國因與臨近國家發動多起戰爭而迅速擴張。這時期的波努以伊主利斯·阿羅馬的統治為最佳例證。他是波努最偉大的領導者，上位時正值波努內憂外患最嚴重的時候。他前任兩位君王掌政期間，此區飢荒肆虐，國力銳減，致使周遭外敵蠢蠢欲動：西邊、北邊及西北邊分別與豪薩諸國、鐵達國 (Teda)、及突亞列格國 (Tuareg) 接壤的邊界岌岌可危。而位於東邊在十五世紀已把波努給逐出卡內姆的布拉拉國依然是波努的一大威脅。南方的糾坤諸國，特別是科羅羅法，已逐漸坐大並開始劫掠屬於波努的領土。同時，在波努帝國境內的非穆斯林族群，依然未歸化於波努的社會。

　　伊主利斯統治期間對這些不同的族群發動戰爭，到他過世的時候，已設法將北方及西北方的威脅平息。他也打敗布拉拉並將之收服，不過，他未能把舊卡內姆的領土併入波努帝國。對西邊豪薩諸國的征戰沒有很成功，因為那時後者已逐漸壯大。還好他西征開諾國 (Kano) 成功，所以西方邊境得以穩固。雖然糾坤諸國在整個十七世紀對波努一直持續的威脅，但伊主利斯平撫境內很多的非穆斯林族群，所以國內的局勢得以安定下來。

　　伊主利斯的征戰不僅為擴展中的波努帝國鞏固威權，他的軍事行動也大大帶動波努的經濟發展。對內敵的討伐使他捕獲大量的戰俘，而這些俘虜就被帶越過撒哈拉，賣到北非、中東的市場，特別是開羅和的里波黎 (Tripoli)。伊主利斯的先祖敦納瑪 (Dunama) 早在 1555 年就與的里波黎的鄂圖曼土耳其建立貿易關

圖 5：開諾國首都開諾城城牆遺址遠景

係，而與開羅的關係則比這更早。伊主利斯統治期間更與摩洛哥建立關係。波努諸多戰役中所俘虜的戰俘被帶過沙漠換取馬匹，到了十六、七世紀時，更換取槍支與步兵。波努與的里波黎的關係越來越重要，到了十七世紀中，利潤更是大增，大多都取決於奴隸的買賣。伊主利斯與波努的其他君主都以奴隸換取軍備；他們用土耳其的馬、槍及步兵等先進的科技與軍隊來取勝仇敵，如此而捕獲更多的戰俘，這些戰俘又可被帶過沙漠換取更多的軍需物資。就這樣，波努帝國在十六、七世紀間國力臻至最強盛。

　　諷刺的是，到了十八世紀，疆界與境內的和平使波努不用再戰，但因此而造成的戰俘／奴隸來源減少，也使波努的軍備逐漸鬆懈；1700～1750 年三起嚴重的飢荒又使波努國力漸減，到了十九世紀早期因敗給索科托的聖戰軍隊 (Sokoto Jihadists) 而失去

很多西邊的領土。

　　十六到十八世紀間的豪薩諸國或因爭奪市場與貿易路線，或為捕獲奴隸作為自用或外銷，彼此之間不斷交戰，各國輪流於不同時期成為諸國間的霸主。豪薩諸國經過這三百多年間對彼此發動的戰役之後，到了 1800 年左右終於由三個較強的國家勝出：開諾國、卡齊納國、勾畢爾國。這個時期除了以軍備來確保國力之外，這些國家當然也要有經濟實力做後盾。雖然豪薩諸國大部分的生產力是自由勞役，貿易的商品以黃金、穀糧、牲畜及皮革為主，但奴隸也是它們經濟的一個重要特色。十六世紀期間開諾國的基礎建設突飛猛進，就是因使用大量的奴隸生產農產品；貿易路線上的搬運工人、守衛，以及諸多攻打鄰國之戰役所用的士兵，也都是奴隸組成的。當然它們也像波努一樣，帶奴隸到北非換取貨品，特別是馬匹。豪薩諸國之間對彼此的征戰襲擊，動機大多是要捕獲戰俘，因為在這時期奴隸等同其他種類的財富，既可作為生產的勞力，在市場上也是高價商品。

　　十八世紀之前奴隸販賣的主要路線都是跨越撒哈拉到北非，但到了十八世紀，豪薩族人的奴隸販賣改往南移，因歐洲人已在幾內亞灣開始從事跨大西洋貿易活動。比方說，開諾國的豪薩貿易商把他們的奴隸往南賣以換取一些重要的歐洲商品，如：紡織品、念珠首飾、瑪瑙貝殼、銅製品、鐵，以及或多或少的槍砲彈藥。不過大部分豪薩族人與歐洲人的貿易都是透過中間人；這些中間人大部分是興起於十六世紀之歐由帝國的優羅巴族人，他們控制著豪薩國與大西洋之間的貿易路線。

第三節　奴隸與歐由帝國興起之關係

　　歐由帝國環繞歐由以列城 (Oyo-Ile) 而興起；該城坐落於大草原以南奈佳河在森林區匯聚之處，也就是今日奈國歐由州的東北角。在西元 1600 年左右，歐由帝國迅速往森林區擴張並往南及東南方延展，成為奈區地區版圖最大的帝國之一。歐由帝國主要由優羅巴族人所組成，其起源神話紀錄歐蘭密彥為其創國先祖。歐由帝國的君主有至高的權威，只有國王或國王的代理人有權決定政策、下執行令、開創頭銜及授予頭銜。一段時間之後，皇家也開始直接操控奴隸販賣的運作，因奴隸買賣是歐由帝國最蓬勃發展的事業。值得一提的是，歐由君主在宮廷的行政工作，大多由位高權重的奴隸來執行。從十六世紀末開始，整合宮內行政工作的任務一直由奴隸進行，他們除了經營皇宮運作的事務之外，也負責統領歐由城以及所有歐由帝國省分的工作。三位最資深領有頭銜的太監──中太監、右太監、左太監──分別執掌帝國的司法、宗教及行政事務；他們的地位僅次於國王。中太監代理國王宣判司法的裁決，右太監負責拜珊勾 (the cult of Sango) 的儀式，透過此儀式君主的職位得以神祕化。左太監主要整理歲入，並代理國王與宗系首領交際。

　　三位太監之下是一大班的宮中奴隸，稱為「疤頭」。這麼稱呼是因為他們頭部需受一小割損以將某種巫術的精素擦入傷口處，使他們有資格領取宮中的疤頭位階。疤頭的人數有好幾百

位,由左太監看管。這些疤頭有的負責收稅,有的是傳令官,有的是護衛。另外有一組奴隸稱作「君王耳目」,他們被分派到帝國的各個省分內,負責直接向國王報告發生在負責省分內的重要事項。

君王依靠奴隸來監視國家事務能穩固皇室的權威:其一,奴隸的責任廣布而且重要,如此,即使君王本身效能不大,或者王權暫時不穩定,皇室的威權依然可以維持。其二,因為奴隸已遠離其親屬宗系,因此也就沒有什麼動機爭權;除了國王分配給他們的職責之外,完全隸屬於國王所有,值得國王的信賴。

歐由帝國的奴隸也和這時期(1500～1800年)在奈區其他地區的奴隸功能差不多:奴隸被用來幫忙農事、家事,也有受訓成為工匠或從軍的。奴隸在歐由既扮演政經重要功能,也難怪歐由帝國的興盛,奴隸是重要因素。歐由帝國把戰俘、罪犯以及往南貿易所獲得的歐洲貨品,往北賣給豪薩諸國以換取豪薩族奴隸以及馬匹。歐由用馬匹組織騎兵以強化軍備。1650年以後,歐由也把奴隸帶到南方幾內亞灣販賣以獲取歐洲奢侈品、瑪瑙貝(是歐由帝國的標準貨幣)。到了十八世紀,歐由也開始以奴隸換取限量的槍砲。

歐由不僅用自己境內的戰俘做奴隸販賣。由於歐由位於南方森林區與北方豪薩諸國之間,因此有權對南北兩地經過歐由的貨流課取很重的過路費。大部分的貿易商發現直接在歐由賣掉商品或奴隸,比起運經歐由再前往目的地市場販賣還要划算。如此,歐由有機會把賣到境內的奴隸或商品帶往南或北方的市場,賣取

更高的價錢。奴隸與奴隸販賣對歐由政經的重大影響，使歐由成為開啟貝寧灣（Bight of Benin，又稱奴隸海岸）在十七、八世紀與歐洲人交易奴隸的重要角色。

第四節　奴隸販賣對奈區南方海岸國家政經情況的影響

　　第一個在西非上岸與當地人從事貿易的歐洲國家是葡萄牙。1480年葡萄牙與貝寧王國於估阿托／烏哥坦 (Gwarto/Ughoton) 建立交易所。一開始歐洲人向非洲購買的商品大部分是奢侈品，像是紡織品、辣椒、黃金；奴隸只占其中的一小部分。奴隸販賣開始變得重要，是因十六世紀歐洲人發現美洲大陸，並在那裡建立大規模農園而需要大量勞工；到了十七、八世紀時，奴隸販賣終於成為跨大西洋貿易的主要項目。

　　貝寧一開始很熱切的與葡萄牙交易「人以外」的商品，但從十六世紀起，歐洲人對奴隸的需求升高後，貝寧王於1550年嚴格限制販賣男奴，迫使葡萄牙人及其他歐洲人（特別是英國人和荷蘭人）尋找別的海港買奴隸，於是販奴港便沿著貝寧以西的貝寧灣及貝寧以東的比亞法拉灣 (Bight of Biafra) 發展。沿貝寧灣不同時期主要的販奴港也有所不同。主要的有：大、小波波港

(Grand and Little Popo)、懷達港 (Whydah)、歐法拉港 (Offra)、佳欽港 (Jakin)、八達歸港 (Badagry)，及拉哥斯港 (Lagos)。而在比亞法拉灣則有三個主要的販奴港：新卡拉巴港 (New Calabar)、邦尼港 (Bonny) 及舊卡拉巴港 (Old Calabar)。

很難估計奈及利亞地區到底輸出多少奴隸，根據保羅‧樂夫喬伊 (Paul E. Lovejoy)❶的統計，1600 年到 1800 年間，貝寧灣的海港運出的奴隸大約有一百四十七萬三千一百名，光是十八

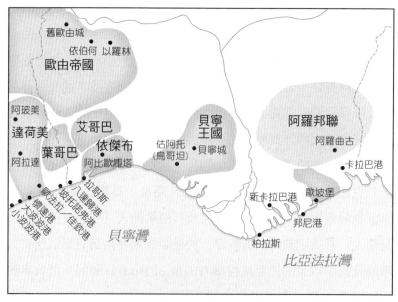

圖 6：奈及利亞十六～十八世紀販賣奴隸港口圖

---

❶ 保羅‧樂夫喬伊為加拿大約克大學歷史系教授，並擔任加拿大非洲僑民歷史研究主席，同時也是加拿大皇家學會的會員。他長年專注於非洲歷史、非洲人全球遷徙等研究，出版三十多本專書及上百篇專論。

世紀所調遣的奴隸就超過一千兩百萬。1676年到1730年之間，貝寧灣輸出了七十三萬名奴隸，占這個時期整個非洲奴隸輸出的42%。整個十八世紀，非洲輸出的奴隸總數目，貝寧灣就占了20%。比亞法拉灣在十八世紀所輸出的奴隸人數也顯著增加。十八世紀之前比灣每年輸出到歐洲的奴隸每年不超過一千名。但整個十八世紀，從比灣運出的奴隸就有九十萬名左右，大概是這時期整個從非洲運出之奴隸的15%。在1780年代的十年間，從比灣輸出的奴隸高達十七萬五千四百名，平均每年十七萬五千名。要到1807年英國宣布廢止奴隸販賣之後，十九世紀的奴隸輸出才驟減。

　　貝寧灣與比亞法拉灣在十七、八世紀販奴活動劇增，這對此區沿海及內地族群的政經及社會結構，產生深遠的影響。貝寧灣港市的奴隸只在港口被販售給歐洲人，歐洲人並沒有到內地去捕捉或買奴。大部分的奴隸都是非洲內地戰爭下的俘虜或遭襲擊時被捕捉的，然後再被帶到海岸賣給歐洲商人，但與歐洲人在海岸的買賣活動對內地及海岸的族群都產生很大的衝擊。十七世紀起英國及荷蘭取代葡萄牙成為此區海岸主要的貿易商，而使販奴給歐人的利潤漸增之後，貝寧灣海岸國家之領導人便千方百計控制販奴事業，他們想辦法降低內地那些捕捉奴隸之族群社會的利益，以提升他們自己身為居間人的利益。位於海岸的惠達王國(Hueda)及阿拉達王國(Allada)迫使歐洲人及內地國家，如歐由和達荷美(Dahomey)接受它們為販奴居間人，如同歐由政府強制成為豪薩族商人和森林區族群之間的居間人。1717年到1718

年間，惠達國政府控制貝寧灣西端的懷達港，而阿拉達王則掌控貝寧灣東端的歐法拉港和佳欽港。惠達國王禁止內地商人在海岸販奴，強迫他們把奴隸賣給皇家代理人，如此壟斷與歐洲人的貿易。阿拉達國王雖沒有禁止所有內地商人在海岸交易，但卻宣布只有皇室有權購買槍砲和瑪瑙貝，而這兩樣商品正是販奴者最需要換取的物資。如此的壟斷第一個利益受嚴重威脅者是達荷美，它是最接近海灣的一個內地國家，同時也是其中一個主要的奴隸供應國。1724 年達荷美的阿噶佳王 (Agaja) 派軍隊征服阿拉達，成功取下佳欽港的控制權。1727 年阿噶佳王攻打惠達國，成功拿下懷達港的管轄權。

但是成功取得兩大販奴港的達荷美也學阿拉達和惠達壟斷販奴市場，經濟越來越依賴在港口販賣奴隸的歐由帝國於是受到威脅。1726 年到 1730 年間，歐由數次遠征達荷美，當時後者雖一時屈敗，但往後的六十年間這兩國為爭奪壟斷海岸的販奴權衝突不斷。後來歐由為避開與達荷美的衝突而往東移。1732 年達荷美毀了佳欽港時，歐由已開發在東邊的八達歸港和坡托諾弗港 (Porto Novo)。但此二新販奴港很快的捲入歐、達兩國的利益衝突之中。從 1760 年起越來越多奴隸買賣改往東移，拉哥斯港就這樣應運而生，成為十九世紀貝寧灣的主要貿易港。

在比亞法拉灣的販奴活動要到十八世紀才增強。比灣所在屬於奈區東南方的族群社會，因此繼續保有非中央集權的社會型態，奴隸販賣不是由國家政府所主導，而是由地方上財大勢大的組織所經營。在這裡奴隸的來源不是國與國衝突下的戰俘；會成

為奴隸可能是司法裁決的結果，也有可能是神諭下的指令，不過有更多是遭綁架。

在比灣這一帶販奴者威望財勢的增加使得傳統政治宗教的威權有所移轉，目的是為迎合新的、以維護奴隸販賣之利益的組織。在這裡皇室宗系雖不一定直接控制販奴活動，但一定與這種新社會組織有關聯。這種新社會組織最重要的有兩種：木舟家族及秘密社會。

東奈佳河三角洲說伊糾語 (Ijo) 的族群，販賣奴隸給歐洲人的單位組織是木舟家族 (Canoe House)。木舟家族是一宗系的一支，因已累計足夠財富（尤其是藉由販賣奴隸）而有能力裝備由五十個士兵組成的戰舟供家族差遣。家族這種裝備戰舟的能力有兩大作用：第一，彰顯家族的勢力，乃至於家族首長在族群中的權力，如此這家族便能在地方政經事務上扮演重要角色。第二，戰舟本身能拿來獲取更多的奴隸。以戰舟捕獲的奴隸或能賣得更好的價錢，或供家族使用。供家族使用的奴隸能幫助捕獲更多的奴隸，一段時間之後，捕獲的奴隸會融入所屬的家族，或經由婚姻，或因為戰功或捕奴的功績而完全融入這家族，甚至還有可能變成家族的首長。十七世紀末的邦尼港和新卡拉巴港就見證這種木舟家族的興起。

在卡拉巴，即艾菲克 (Efik) 族人的中心，木舟家族的運作多了艾克匹 (Ekpe) 秘密社會的作用。艾克匹社會由族群中的權貴階級所組成。財富建立在販奴之上的艾克匹社會，有權立法並解決社群成員間的糾紛，以利信用與交易的順利進行。艾克匹的律

法由一森林神祇（也叫艾克匹）所核准。犯法者秘密社會有權凍結其財產，甚至將犯人予以制裁。奴隸既是奴隸販賣交易中重要的一環，因此也被允許加入艾克匹社會，有時還能變成其中的高階成員。

　比亞法拉灣一帶到了十八世紀販奴勢力最大的莫過於阿羅族群 (The Aro)。如此稱呼乃因他們所信奉的阿羅曲古 (Arochukwu)，那是能執行強烈巫術的神示所。阿羅族群屬伊博族的一支，約於十七世紀逐漸移民至此，阿羅族群所以能在內地的販奴業稱霸，便是利用宗教領袖身分及城邦間的軍事同盟壟斷販奴活動。阿羅族群的貿易商能到任何信奉阿羅曲古的族群中活動，與當地的政商名流連結，或控制奴隸交易活動，或在當地傳播拜阿羅曲古的信仰，建立新的阿羅族群。如此，阿羅族群成了海岸木舟家族的主要奴隸供應商。這種藉由宗教及經濟實力所維持的霸權，隨著世紀末歐洲殖民者的到來及入侵而受威脅，最終仍不敵在軍事武力上占優勢的英國。

第三章 | *Chapter 3*

奈區十九世紀政經轉型期
（1800 ～ 1850 年）

第一節　奈北索科托・哈里發轄區的產生

　　富蘭尼改革者所帶動的伊斯蘭教聖戰，終於在十九世紀初於大草原區（位於現在奈國北方及尼日共和國南方）建立了索科托・哈里發政權 (Sokoto Caliphate)；而此伊斯蘭教聖戰的正式起始時日，要從 1804 年，薛胡・奧斯曼・旦・弗迪歐 (Shehu Usman Dan Fodio) 從勾畢爾國遷徙至古度國 (Gudu) 時算起。在十九世紀前半段，索科托政權把之前互相征戰了好幾世紀的豪薩族諸國統一於單一的行政體系之下。索科托政權的目的是要肅清原本豪薩諸國中的「雜種伊斯蘭教」，為要重新建立完美、虔誠的伊斯蘭社會，如同伊斯蘭信仰的創始人，穆罕默德先知於西元

七世紀在阿拉伯所建立的伊斯蘭教社會。雖然索科托政權終究無法實現這樣的理想社會，但它於十九世紀在大草原區所成就的政治統一及文化轉型，依然可圈可點。到了 1810 年，索科托·哈里發政權已征服了所有的豪薩國，而且還把之前歸波努帝國管轄的一些省分，收歸於新的伊斯蘭政府旗下。往後兩百年間，豪薩國土的南方及東南方正式啟用阿拉伯酋長制。

　　當然這樣重大的革新運動絕非憑空發起。早在十八世紀時，富蘭尼族的伊斯蘭學者，尤其是他們的倫理學家，就在中、西蘇丹國土發起改革的聲浪，因他們看見那時的伊斯蘭教信仰教規摻雜太多的異教成分。他們的意見可想而知，因為十五世紀就被引介入此區的伊斯蘭信仰，原本只是被當時不同國家的君王基於貿易利益考量而採用，而且有些後繼的君王根本遺棄伊斯蘭信仰，又回歸原本的舊信仰。有很多君王為了政治考量，還故意允許舊信仰與伊斯蘭信仰並行。伊斯蘭基本教義的其中一個準則是：政府與社會都必須依據穆罕默德先知的教導來加以整頓安排，所以，十八世紀的富蘭尼傳教士便指控中、西蘇丹區的統治權貴所持的伊斯蘭信仰是雜牌貨，因他們無法或不願全盤採用伊斯蘭的治理準則和社會風俗。在十八世紀伊斯蘭改革派在西蘇丹成功的帶動兩次聖戰。

　　而同時期在中蘇丹區豪薩諸國的領域裡也有相似的改革運動。在 1780 年代，一位名為奧斯曼·旦·弗迪歐的富蘭尼族伊斯蘭傳教士已成為這波改革運動的領導者。弗迪歐是個深具魅力的演說家，在勾畢爾、開比 (Kebbi)、卡齊納及佔法拉 (Zamfara)

這四個豪薩國家中努力的宣講教導。他在四處的演說過程中已在豪薩族、富蘭尼族，以及突亞列格族裡，發展出大批的隨眾，有農夫，也有學者。雖然他主張用任何可行方法來建立符合伊斯蘭經典及原則的國家，但他偏好的做法是藉由內修來改革，因此不主張戰爭。他的傳講著重在教導人以正確的方法來實行宗教儀式與責任。同時，他也要人特別注意豪薩族統治階級所從事的一些非伊斯蘭的做法，如：沒有實行伊斯蘭的司法原則❶；課徵沒有列在《古蘭經》上的稅；迫使敵對國的穆斯林成為奴隸；統治者的腐敗，像是為政治利益行賄、窮奢極侈、不合教規的穿著及違反教規的飲食禁忌。雖問題深重且多，要改革的事項多而廣，弗迪歐相信國家體系藉由他自己及他信徒給豪薩族統治階級施加壓力，就能從內部加以和平的改革。

　　從1770年代到1804年戰爭爆發前這段期間，弗迪歐真的是孜孜不倦的在豪薩各國內部遊說，而他的策略也算是相當成功，像1774到1785年間弗迪歐要求勾畢爾的巴瓦王 (Bawa) 做一些根本的改變，其中之一是撤除一些過分的稅目，到了1785年時巴瓦王眼見弗迪歐的名氣不斷上升，終於同意改革。但巴瓦王的改革不是真心的懺悔，而是為了避免和勢力日增的弗迪歐起正面

---

❶　伊斯蘭的律法 (Sharia) 規定，對已婚通姦、褻瀆伊斯蘭教、叛徒及同性戀者須施加石刑——讓公眾丟亂石打死；偷竊者須斬手；婚前性行為及飲酒者須受鞭打；否認多神教徒、異端信徒和無神論者的人權（所以才有在前章所提到的大量非穆斯林被捕成為奴隸的「合法」做法）。

衝突。巴瓦王改革後的幾十年間,後繼的君王開始越來越公開反抗弗迪歐的改革運動。1801 年布努王 (Bunu) 宣稱只有父親是穆斯林的勾畢爾國子民才可以自稱是穆斯林,他這麼說是為了縮減弗迪歐的改革範圍,那時弗迪歐的勢力已經大到跟從者都自稱為是弗的「族群」。布努王還想進一步抑制這種伊斯蘭教基本教義在勾畢爾國帶動的文化影響:他禁止男人戴頭巾、女人戴面罩。兩年後布努王過世,繼起的雲發王 (Yunfa) 曾是弗迪歐的學生;事實上,他能成為國王,弗迪歐可是起了關鍵的作用。弗迪歐希望雲發王政權能採用他的多項改革計劃,但後者當上君王之後,因害怕弗迪歐的勢力威脅他的權位,反而試圖謀取弗迪歐的性命。

　　弗迪歐的「族群」很討厭雲發王好戰的態度,於是很多人便試圖離開勾畢爾國,其中一群由阿布達薩拉姆 (Abd al-Salem) 領導的人遷移至開比國,竟因此而激怒了雲發王,結果雲發王派遣一支遠征軍強行將他們押回,過程中殺死了很多人,還把他們在開比定居的城鎮給毀了。接著雲發王威脅弗迪歐,要他立刻離開勾畢爾國,否則下場將同他們一樣。弗迪歐從命,於 1804 年 2 月 21 日西遷至古度國。當年穆罕默德先知受壓迫從麥加遷到麥迪納 (Medina),但也因此而準備打聖戰。現在弗迪歐也效法穆罕默德,訓練、裝備追隨者打一場聖戰,以對抗像雲發王那樣頑強的不信者。

　　那些相信弗迪歐的伊斯蘭改革的人,以及所有在豪薩諸國中受各君王壓迫者,都紛紛投奔弗迪歐,為其效力。弗迪歐很快便

對勾畢爾的雲發王宣戰。1808 年戰爭結束，雲發王戰敗，勾畢爾的統治階級往北方撤退。此聖戰也涵蓋豪薩國土的其他地區。到了 1810 年，大部分的豪薩諸國都歸入弗迪歐新建立的伊斯蘭政權，於是先前好幾百年豪薩各國分立的局面於此結束：勾畢爾、佔法拉、開比、開諾、卡齊納、匝藻 (Zazzau)，以及之前受波努帝國管轄的一些領域，現在都收歸弗迪歐的政權旗下。此聖戰持續往豪薩國土的南方與東南方蔓延，到了 1830 年索科

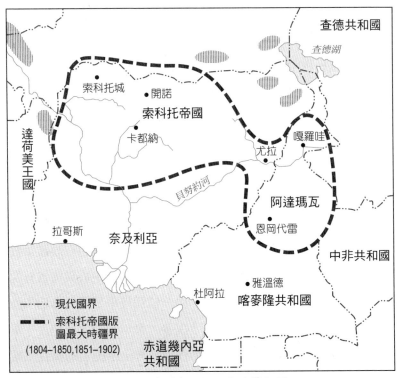

圖 7：索科托・哈里發政權版圖

托政權已控制了先前糾坤國和努匹國 (Nupe) 所統治的領地，甚至還顛覆歐由帝國——環繞歐由城的地區，現在歸以羅林酋長 (Emirate of Ilorin) 所管。短短五年內，弗迪歐的伊斯蘭改革運動統一了原來分立各國的豪薩族，而且在三十年內變成西非最大的國家之一。

弗迪歐無心掌政；他的新伊斯蘭國國勢一穩固，便退居幕後，繼續研究伊斯蘭教的靈修與學問，而把政權委派給他的兒子穆哈馬杜・貝羅 (Muhammadu Bello)，以及他的弟弟阿布杜拉喜 (Abdullahi)，前者負責掌理東區較大的部分，後者負責西區較小的部分，不過，弗迪歐仍然保有「哈里發」這個頭銜（「哈里發」Caliph，意指穆罕默德之繼承人）。1817 年弗迪歐去世後，其子貝羅受封為新的哈里發。要治理索科托這個龐大繁雜的伊斯蘭教國，需先發展出一套行政體制，肩負起這個艱鉅的任務的，就是貝羅。

弗迪歐的聖戰所以能快速蔓延，出奇制勝，主要由於他的戰略方法：任何因他的名作戰的領袖，他就將之核封為「負旗人」，當這些負旗人打贏時，就立刻成為他們征服之地區的新領導人，這情況變成只是換掉統治者而已，該地現行的行政體系幾乎是原封不動。所以，一開始索科托只是眾多非中央集權省分的集合體，每個省分叫做酋長轄區，由一個個幾乎是獨立自治的酋長所治理。這些酋長都誓言效忠哈里發，每年向哈里發進貢。新酋長的任命須經哈里發許可，不過任何地方上所提名的酋長，哈里發幾乎都會核准，而且很少干預各酋長的行政運作。

　　這樣的做法對開疆拓土的弗迪歐來說很便利，但到了貝羅掌政時可就缺點多多了。弗迪歐理想化的認知，幾乎在他一離開人世，就出現問題；畢竟，大多的跟隨者動機並不是真為了宗教改革，而是為了世俗的利益。弗迪歐一過世，從早期就開始追隨他的阿布達薩拉姆就叛變了，因為他認為掌政者分配給他治理的地區太小而心生不滿。雖然阿布達很快就被除掉，作亂立刻被制止，但足以讓貝羅學到一個重要的功課：一個龐大、非中央集權、基於純化伊斯蘭信仰法則而建立的國家太薄弱了；要強大就得累積權力、威信、財富。

　　為確保能達到一定程度的中央集權，貝羅使用克法斯 (kofas) 來監督各省區的酋長。克法斯是哈里發與各酋長之間的中間人，他們必須熟悉所負責監督之省區的時事，並向哈里發稟報。他們也須負責向所屬省區的酋長收取哈里發所要求的貢品，他們的酬金就包含在其中。克法斯的運作系統讓貝羅能對各酋長施展一定程度的中央控制權，而不用高壓控管。而每個克法斯都是哈里發從身邊的人任命的，與哈里發建立純化伊斯蘭國家的信仰理念較能一致，因此克法斯很適合作為哈里發與各酋長之間的橋梁。

　　另一個貝羅用來抑制各酋長權力並擴大中央威權的辦法，就是在全國各省區興建立霸特 (Ribat)，那是一種城堡要塞。築立霸特這種作法承襲自穆罕默德先知。在穆罕默德先知的時代，立霸特的功能是建立伊斯蘭國與非伊斯蘭國之間的隔離疆界。貝羅擴大立霸特的使用範圍，他不僅在他的索科托國邊界築立霸特，也在國境內築立霸特。他利用這種城堡本身來對各酋長及各省區

人民彰顯哈里發的權力，同時他也藉此向他所有的國民表示：他們既身為哈里發的伊斯蘭國民，自然受到哈里發的保護。各區的立霸特也是當地的伊斯蘭文化中心：立霸特不僅是軍隊駐紮的要塞，同時也讓烏拉瑪 (ulama) 居住於內。烏拉瑪是伊斯蘭學者，負責宣教、帶領人民祈禱，並在婚、葬禮舉行時執行伊斯蘭儀式。可以說，立霸特的設立使伊斯蘭信仰的宣傳與實踐更貼近人民的日常生活。軍隊與伊斯蘭學者同時進駐立霸特內這種作法，也是貝羅想出來的，無非是想要向各地國民揭示：哈里發在各地都有效忠他、與他志同道合的同盟駐紮，以因應任何蠢蠢欲動、心存叛變的酋長。

　　即使有上述這些似乎已設想周到的作法，貝羅的索科托政權依然飽受外患內憂。當時敗北退到北方的勾畢爾王依然不肯罷休，東邊與波努帝國的疆界糾紛也沒有消退，南方省區的一些酋長還想繼續南進往非伊斯蘭的領域打聖戰以拓疆土。至於內部的紛爭之所以持續加溫，主要是因為哈里發的王權並沒有平均普及於國境的每個角落，於是哈里發與某些酋長之間的緊張關係便越演越烈，特別在 1837 年貝羅去世之後。1851 ～ 1863 年布哈利酋長 (Emir Bihari of Hadeija) 的叛亂，及 1893 ～ 1895 年間優速夫‧賓‧阿布杜拉喜 (Yusuf bin Abdullahi) 的暴動，便是兩個明顯的例子。

　　布哈利的叛變純粹是藉著酋長身分之便以擴張個人權力與財富的例子。1848 年左右布哈利成為哈德依佳 (Hadeija) 省區的酋長，那是原屬波努帝國的一個省分。布哈利當上酋長的主要目的

是為了要不惜任何代價的掌擁權力；他殘忍無情，為鞏固權力，甚至暗殺他的一個政敵同時也是他的表弟。當時的哈里發阿利優巴巴 (Aliyu Baba) 得知布哈利的暴行時，便傳喚他，可是布哈利拒絕面見哈里發，於是阿利優巴巴便宣布免去布哈利酋長的職位。不甘示弱的布哈利也公然否認哈里發的王權，同時退居東北以爭取波努帝國的保護與支持。1851年布哈利攻下哈德依佳省，從此以後的二十年間，對於鄰近的省區，只要是效忠哈里發的政權，他都不斷的加以侵擾攻擊。布哈利還常常襲擊鄰近地區的族群，搶奪他們的物資，還把捕獲的人當奴隸拿去販賣，以此自肥。從1851年到1863年布哈利去世之前，哈里發既無法把他驅逐出境，所以也無法收復哈德依佳省，要等到他死後，哈省才重歸索科托的轄區。

　　至於優速夫·賓·阿布杜拉喜之所以在開諾省發動叛變，是因為繼位的糾紛問題。1893年開諾省的酋長去世，該省的居民期望廣受歡迎的優速夫能被哈里發任命為新酋長，但當時的哈里發阿布杜拉曼 (Abdurahman) 卻推舉已故酋長的長子突庫爾 (Tukur)。這個決定不僅優速夫不能接受，開諾省大部分人民也不同意，結果支持優速夫的人便追隨他從開諾出走到塔開 (Takai)，優速夫打算在那裡建立他自己的政權。阿布杜拉曼下令以軍事行動鎮壓優速夫。但因索科托沒有常備軍，若事發該省周遭的酋長不支援，哈里發個人統領軍隊遠征的能力便會受限。因很多酋長都認為哈里發沒有推舉對人，因此普遍不願意派兵援助哈里發的軍事行動。1894年優速夫打敗突庫爾的軍隊，但他

不久也去世了。優速夫的弟弟阿利優 (Aliyu) 繼承他的志業，繼續與突庫爾對抗，同年就拿下開諾省。突庫爾於是奔逃，但在 1895 年被逮捕處死。這時，因為突庫爾和優速夫都已經死了，阿布杜拉曼於是任命阿利優為開諾省的酋長，如此才結束這場繼位的糾紛，開諾省的居民滿意了，周遭省區的酋長也覺得事情終於有圓滿的結局。

　　上述這兩個事例足以說明，索科托‧哈里發這個領土廣闊的伊斯蘭中央集權國家，其政府之威權常常薄弱，哈里發不一定能使各個酋長執行他的旨意；相反的，哈里發還常需要酋長的支持才能執行他的政策決定。有些史學家常拿上述兩個叛變的例子，來證明索科托的政權失敗，它起始於宗教改革，動機根本不純，所以無法實現原初弗迪歐所設定的伊斯蘭理想。基於這個論點，像布哈利這類的人常被拿來證明索科托宗教改革底層暗藏的虛偽：富蘭尼族人的崛起掌權，與其說是為了要把伊斯蘭的宗教熱忱注入國家社會，不如說是為了把一個個的豪薩族國王，換成富蘭尼族人。從這個觀點來看，所謂的伊斯蘭聖戰，與其說是宗教改革，不如說是種族的衝突。另一個佐證此論點的事實是：很多聖戰主義者在打聖戰時所高唱的改革，戰後並沒有將之加以實現。不當的課稅與索取貢品依然存在。甚至，連弗迪歐所譴責的牛稅——弗迪歐已特別指出，《古蘭經》並沒有核准課牛稅——也還是繼續施行。以前豪薩族諸王掌權時，穆斯林捕捉穆斯林為奴（《古蘭經》已言明這是非法），現在富蘭尼族人掌政，情況並沒有改變；事實證明，隨著索科托政權的聖戰開拓到新的疆

域，大草原區奴隸的人數有增無減；索科托政府甚至還接受各酋長把奴隸列為每年必要的貢品。

　　但這種所謂的假借伊斯蘭聖戰之名爭取富蘭尼掌權之實的論點，不見得站得住腳。弗迪歐這位虔誠的伊斯蘭學者兼傳教士是富蘭尼族人，而好幾世紀以來在大草原區各處來回畜牧的族群，正好也是富蘭尼族人，因此弗迪歐很容易進入富蘭尼族群裡宣教，並從中獲取資源。所以當聖戰的呼聲一發出，第一時間聽到並在第一時間付諸行動的，自然是富蘭尼族人。但非富蘭尼族的人，即使有能力資源發動聖戰，很有可能因已經與豪薩族統治者所代表的現狀有利益掛鉤，因此就比較不可能起事反對統治者。雖然富蘭尼族在豪薩諸國境內外的大草原區已生存了好幾世紀，他們大多數還是一直從事畜牧，而沒有成為所在當地政府組織的一部分。如此的存在狀態使他們比豪薩族人更有動力發動聖戰，因後者或多或少已與現有的權力架構有所勾結。最後需要提出的一點是：雖然聖戰的領導者主要是富蘭尼族人，但當時追隨弗迪歐的「族群」是由不同的種族所組成的，除了富蘭尼族之外，也有豪薩族人與突亞列格人。

　　確實，弗迪歐宗教改革所欲求的理想，不是所有跟隨他的富蘭尼族酋長都有心付諸實行，但這點不足以證明索科托政權為了把伊斯蘭信仰灌注於人民日常生活所做的努力失敗。就政治層面而言，明顯的宗教改革做得不夠徹底，因為很多情況下各個富蘭尼酋長只是依樣畫葫蘆，之前豪薩諸王怎麼做，他們也照樣做。但從經濟與文化層面來看，索科托政權的領導確實有深遠的影

響。經濟發展已變穩定了，之前好幾世紀豪薩諸國不斷彼此攻打，就是為了能掌控跨撒哈拉沙漠的貿易路線，但現在於索科托政權一統的局面下，大部分地方已能安定的發展農業與市場，而不再害怕戰爭或偷襲。在一統的政治體系調節下，前豪薩諸國現在已能自由的彼此貿易。貿易活動的疆界也隨著聖戰持續的擴張。但索科托政權下大草原區經濟的成長，對農民階級卻有負面的影響：突襲捕捉人為奴的情況不斷發生，有些地方到了十九世紀甚至變得更加嚴重，使得採用奴隸耕作的大規模農園在十九世紀索科托政權下的大草原區蓬勃發展。聖戰也造成大規模人口的移動，為建立新市鎮，很多歷史久遠的城鎮遭毀。

　　從文化層面來看，一統於索科托政權下的人民，越來越多自視為穆斯林；這確實要歸功於各地立霸特的建築以及各區伊斯蘭基礎教育的普及，除了導致阿拉伯文識字人口的增加，也促使伊斯蘭式建築與服飾的發展。越來越多的詞曲創作歌頌穆罕默德先知，也頌揚索科托政權的創始人弗迪歐；通常是直接使用豪薩語言文字。伊斯蘭律法成了整個索科托政權司法體系的基礎，不過傳統豪薩的法律慣例，如關於衝突糾紛的調節、婚約習俗等等，依然繼續施行，與伊斯蘭司法系統融為一體。到了 1903 年索科托落入英國殖民勢力時，大部分的大草原區（即現今奈國北部）史無前例的擁有奠基於同一伊斯蘭國之共同生活經驗的統一文化。

第二節　奈南的政經轉變

　　十九世紀奈區南方各區域也發生很可觀的轉變。十九世紀初歐由帝國是坡托諾弗及拉哥斯兩海港主要的奴隸輸出供應國，但同時期歐由國內的衝突導致歐由帝國於 1830 年代瓦解。帝國瓦解所造成的權力中空狀態，使得原本帝國所管轄的優羅巴諸邦，各個躍起爭權，於是此區的十九世紀是個充滿戰爭的世紀。

　　從 1750 年代起歐由帝王與諸侯間的衝突已使國王的威權逐漸削減，但給歐由打擊最大的，是阿逢佳 (Afonja) 的叛變。阿逢佳是歐由帝國軍隊的總司令，同時也是以羅林的統治者；以羅林是歐由東南方的一個省城。阿逢佳與其他歐由的族長密謀以軍變來掃除當時國王阿畢歐敦 (Abiodun) 的繼承人阿沃列 (Awole)。阿逢佳這麼做的動機部分是因為他不相信阿沃列的行政能力，另外的因素當然是他掌權的欲望。1796 年阿逢佳的軍隊攻下歐由的首都，逼使阿沃列自殺。阿逢佳滿以為原屬於阿沃列的位置，現在非他莫屬，但歐由的諸侯卻提名阿蝶波王子 (Adebo)。阿逢佳認為他們故意侮辱他，於是自己宣布獨立而退到以羅林省城，並開始大規模攻擊首都及鄰近的省區。

　　接下來二十年的時間阿逢佳的叛變沒有進展：歐由帝國無法擊敗他以收回以羅林，而阿逢佳也無法給歐由造成重大的傷害。1817 年伊斯蘭軍隊打著弗迪歐聖戰的旗幟，要進攻歐由帝國的領域，阿逢佳便向他們求助。阿逢佳雖不是穆斯林，但覺得與聖

戰軍聯合起來應該非常有利，於是對聖戰軍大開門戶，邀請他們一起進攻歐由。這樣的聯軍起事一開始對阿逢佳有利，但很快的他開始提防他的富蘭尼盟軍，命令他們退出以羅林。但在阿布達薩拉姆領導下的富蘭尼軍隊不但不退，反而反叛阿逢佳；1823年把阿逢佳殺掉之後，以羅林便歸為索科托政權管轄。

在這些政治危機發生於內部的同時，歐由也漸漸失去控管邊陲省區的能力。1790 年代起，由於首都及首都附近地區政經局勢不穩定，致使歐由國力漸漸轉弱。事實上，早在 1780 年代歐由敗給大草原區的兩個鄰國博古 (Borgu) 及努匹之後，就已經開始失去軍事的支配地位（到後來努匹國土歸入索科托政權管轄）。隨著歐由國力漸減，問題也接踵而至。位於依非以西，拉哥斯以北的艾哥巴 (Egba) 於 1796 年左右叛變成功，取得獨立。1817 年左右歐由的主要盟國歐烏 (Owu) 遭依非和依傑布 (Ijebu) 的軍隊圍攻，到了 1822 年終被夷為平地。達荷美一直試圖爭奪歐由與歐洲人的貿易路線及港口，於 1807 年阻斷歐由使用坡托諾弗港的權力，逼使歐由將奴隸運往東部的拉哥斯港販賣。1823年達荷美對歐由全面反撲，結果達荷美終止向歐由進貢的義務。1830 年歐由西南角落的省區葉巴杜 (Egbado) 落入達荷美的管轄，從此結束了歐由在其首都以南之森林區的勢力。

到了 1820 年代歐由已失去其海岸的貿易路線，如此便無法與歐洲商人做奴隸以及其他商品的買賣。於此同時，歐由首都屢遭以羅林的索科托軍隊攻擊。過去藉由販賣奴隸及歐洲貨品換取豪薩的馬匹，在這種情況下歐由自然無法再換取馬匹組織騎兵，

再說，歐由的騎兵都是由奴隸所組成，而其奴隸大部分又都是豪薩族人。讀者別忘了此時豪薩族所屬的索科托政權正是歐由的死對頭。到了1833年，以羅林的伊斯蘭軍隊洗劫歐由首都，從此接管了首都鄰近區域大部分的重要城鎮。

　　歐由帝國瓦解，大批難民逃往森林區躲避以羅林的騎兵。於是歐由的統治階層就在森林區重建他們的國家，稱為新歐由，當然格局已大不如前。其他的歐由難民也在森林區建立一個個的城邦。這些城邦因為歐由瓦解所導致的權力中空而彼此角力爭權。這些城邦當中，以巴但 (Ibadan) 和意佳葉 (Ijaye) 兩國最為強大。這兩個城邦都是早期歐由難民在1820年代所建立的。雖然這些城邦在1830年代變成優羅巴族區新的權力中心，但仍對新歐由的君王維持表面的臣屬關係，即便它們個個都是自治的政體，而且有個別的政治系統。意佳葉發展成世襲的君主政體；而以巴但

圖8：十九世紀的阿比歐庫塔城及奧貢河遠景

則發展成軍政精英體系，任何司令官只要是有能力的，都可以參與治理城邦以及屬地的政務。從歐烏戰爭逃出的艾哥巴難民也往西南遷移並創立阿比歐庫塔城 (Abeokuta)，該城很快的發展成繁榮的都市中心。

歐由帝國的敗落、其難民往南重建不同的城邦，以及政軍勢力的重新定位，導致接下來一系列優羅巴族城邦之間的戰爭。從這些戰爭當中，以巴但勝出成了支配國。1840 年以巴但成功的在歐坡莫秀 (Ogbomosho) 抵抗以羅林的軍隊，終止了索科托聖戰軍南進的計劃。打退以羅林之後，以巴但接著全力對抗它西方的敵手意佳葉，並於 1862 年將之擊敗。既已鞏固了北方及西方的國土，以巴但於是把注意力轉向南方：它計劃經由艾哥巴和依傑布的國土重新掌控海岸通商的權力。但與上述兩國的戰爭終於導致從 1877 年開始，優羅巴族區不同城邦之間的全面戰爭：艾哥巴、依傑布、艾基提 (Ekiti)、意傑沙 (Ijesa) 以及依非的軍隊全部聯合起來抵抗以巴但支配的野心——此為艾基提帕拉普之戰 (Ekitiparapo War)。這場戰爭打了十六年之久，1886 年英人提出和平協議加以干涉才告結束。英人甚且利用這個機會在優羅巴族區取得立足點。英人的干涉終於致使優羅巴族區成為英國的保護國，開啟了從 1893 年開始英國於此區的殖民統治。

十九世紀優羅巴族人間的多場戰爭除了帶來政治層面的變動，也導致社會文化的轉型。其一，雖然他們躲避以羅林的伊斯蘭聖戰軍，但很多的歐由難民本身也是穆斯林，所以當他們往南方森林區遷移的同時，也把伊斯蘭的宗教教規帶往南方。

　　十九世紀優羅巴族區所經歷的另一個重大的社會文化轉型，就是城市化發展變得更快速。比起其他的西非族群，優羅巴族人原本就比較城市化了，但戰爭的頻繁使這個族人更加城市化。優羅巴人民之所以有必要遷往城市，其一是為了躲避敵軍的突襲，因為城市裡人多勢眾；其二，城市裡有城牆，也有軍隊駐紮，因此較易防守，難民逃到此才不會被敵軍捕捉。

　　就軍事的角度來看，十九世紀優羅巴族人間的戰爭也有重要的意義，因著這些戰爭，此區首次目睹槍砲的使用。原本歐由的軍力主要是騎兵，但在森林區，蟄蟄蠅 (tsetse flies) 以及濃密的林葉使得馬匹的畜養及使用根本不可能。為了解決這種戰略上的劣勢，森林區優羅巴的軍隊首度大量使用從歐洲來的槍砲。

　　就在頻繁的戰爭發生於奈西南區優羅巴諸城邦之間的同時，奈西南及東南區的經濟結構也發生變化。1800 年時奴隸販賣依然是奈西南的貝寧灣及奈東南的比亞法拉灣與歐人之間主要的經濟關係。1807 年英國廢止奴隸販賣，雖然此舉起初並沒有大大降低此二海灣的奴隸販賣量，但英國在海岸的海軍警衛以及美洲大陸奴隸需求量的逐漸減少，使得跨大西洋的奴隸交易量到1850 年時降到微不足道的地步。英國宣傳促進以合法通商來取代奴隸販賣。所謂「合法通商」就是不以「人」為商品的買賣，如黃金或農產品。到了 1840 年代時，棕櫚油及棕櫚果已變成奈南最重要的輸出商品。

　　棕櫚油的製造過程需要投入大量人力❷。就因為這種工作需

---

❷　棕櫚油的生產過程，首先採集者需爬上棕櫚油樹把果叢摘下來（棕櫚

密集勞力,以至於奈南社會經濟結構發生重大轉變。棕櫚油的生產出現了兩種不同類型的勞力組織:一種是大農場種植園,其勞力來源是奴隸;另一種類型是小佃農散戶,以一個個的家族為單位。家族單位的生產類型也會使用奴隸,不過當然人數少很多,而且日子久了奴隸會融入所屬的家庭及社會成為其中的一員,如前章所述。在這兩種系統中,製油的勞動力大都由婦女擔綱。

大型的製油農場在貝寧灣內地比較普遍。但隨著跨大西洋奴隸販賣的消退,越來越多的奴隸轉為由散戶使用,成為農用勞力;如搬運合法商品的搬運工,或作為軍事用途。所以,可以說「合法貿易」的提倡並沒能終止奴隸販賣,而且還增加國內經濟對奴隸的需求,結果奴隸制度以及國內的奴隸販賣因此一直持續到二十世紀。在奈西南,十九世紀優羅巴族內的多起戰爭造成優羅巴族區人、土地及財產的大變動。成功的軍閥得以擁有大片土地及大量的奴隸;這些土地及奴隸於是「組織」成製油農場。

奈佳河三角洲區及比亞法拉灣內地跨河區的棕櫚樹生產大部分由散戶所提供。這些是以家庭為單位的小規模企業,所生產的

樹長得像檳榔樹,而棕櫚果叢也像檳榔果叢),把一個個的果叢運回家(或工廠)後,需把一個個的棕櫚果從果叢中摘下。然後再把棕櫚果放在鍋中煮到軟,才能把油擠出來。這個程序有點像製造葡萄酒:把煮軟的棕櫚果放在架高一些的桶子中,以腳用力踩踏,好使油流入放置在下方的盛裝器皿之中。一百三十六公斤的棕櫚果只能生產十六公斤的油,若單一個人要生產十六公斤的棕櫚油,則得花上三～五天的時間。

油來自自家土地生長的棕櫚樹。經營製油企業與經營奴隸販賣很不同，後者需要大量的經費與武力，但前者門檻就低多了，任何有足夠的勞力經營家族農場的人，就可以把部分勞力轉去做產油的工作，因為比亞法拉灣內多的是棕櫚樹。

　　一般來說，男人只負責採收棕櫚果叢，而婦女則負責接下來所有的工作：把果子從果叢中摘下、把果子煮軟、然後把油萃取出來。連把棕櫚油運往市場賣給中盤商——中盤商再在海岸把油賣給歐洲人——也大都是婦女的工作。婦女參與製油企業的能力，也標示奈南從販奴業到製油業的重大轉變。經營販奴業需用軍武力，因此清一色是男人所掌控的工作，但製油業就全然不是如此，在比亞法拉灣內地的製油業幾乎全由婦女主導，海岸的中盤商亦能放心的借貸給伊博族區重要人物的妻子。

　　十九世紀棕櫚油製造業以及棕櫚油貿易的成長不僅使大量婦女涉入商業活動，也為奴隸提供翻身的機會。在三角洲區各州及比亞法拉灣，奴隸因從事棕櫚油買賣的工作而贏得權勢（就好比之前的奴隸因涉入奴隸販賣的工作而獲得權勢一般）。十九世紀後半期這類奴隸大翻身最好的例子就是佳佳 (Ja Ja)。他生於1821年，早年在邦尼港一個最有權勢的家族裡當奴隸。因為年紀輕輕就精通貿易而贏得聲名，甚至還因此給自己贖回自由。到了1863年，他獲選擔任其所屬家族（阿那佩普家族 Anna Pepple House）的首長，這使他成為邦尼最具影響力的人物。佳佳之所以能出類拔萃，主要就是他從事棕櫚油的買賣。成為家族首長後，他積極地擴張他在棕櫚油市場的控制權，他這麼做部分是因

圖9：佳佳（全名：Jubo Jubogha，1821 ～ 1891 年），歐坡堡的王

圖 10：歐叩佳布像

為他要幫助他自己的奴隸能自行買賣棕櫚油，另外當然就是要使邦尼的其他家族成為他的附庸家族。佳佳的財勢及知名度的增長，使得邦尼其他家族把他視為眼中釘，特別是歐叩佳布 (Oko Jumbo)，他是曼尼拉佩普家族 (House of Manilla Pepple) 的首長。1869 年阿納佩普家族與曼尼拉佩普家族打了起來，結果是佳佳把邦尼所有的家族打得四處逃散。接著，他在上游的一個據點建立他自己的江山，叫做歐坡堡 (Opobo)，並以歐坡堡為基地繼續與邦尼其餘家族作戰。1872 年佳佳大獲全勝，於是邦尼所有的中盤商不得再進入海灣內地的棕櫚油樹區，從此佳佳迅速的把歐坡堡發展成主要的棕櫚油輸出港。

雖說佳佳因為販賣棕櫚油而崛起算是個較特殊的例子，但這正表示奴隸也可以藉由販賣「合法商品」而爬到社會的最上層。但這種邊緣族群如婦女、奴隸及小佃農也能經商致富的情形，並不足以構成社會層級的大規

模變動，因為從 1780 年代到 1850 年代販奴業與販油業並駕齊驅、同時並存，這使得幾世紀以來因販奴業而壯大起來的族群能有足夠的時間發展販油業，繼續在變動中的市場上維持掌控的地位。佳佳的崛起也是藉由本已存在的權力架構：選他當首長的家族早在十七、八世紀因經營販奴業而興起茁壯。所以從販奴業轉為「合法商品」的貿易雖給奈南的經濟社會架構帶來一些轉變，但對已存在幾世紀的社會組織模式，並沒有產生重大的變革。

第 II 篇

殖民時期的奈及利亞地區

英國殖民統治的開端
（1850 ～ 1903 年）

1472 年葡萄牙人首先來到邦尼灣及貝寧灣，幾年後抵達貝寧城，並展開以歐洲產品換取象牙、香料及奴隸的貿易。十六世紀後期，隨著地理大發現後的殖民活動，奴隸需求大增，英國、法國、荷蘭等國家亦陸續跟進。

1861 年，英國占據拉哥斯建立據點，並逐漸向內陸擴張勢力範圍。十九世紀中葉英國藉口推行禁止奴隸販售為由，干涉奈及利亞沿海岸地區的事務，之後於 1900 年成立南奈及利亞保護國，1906 年占領北奈及利亞保護國，1914 年將奈區南北合併。

可以發現，英國對現今奈及利亞區域投注情況的轉變，是十九世紀後半期開始的。當時一般認為，讓英國增加介入當地族群事務的機會，會有好處。有些人認為，透過英國與當地君王的居間調解，比較能達到他們的目的；更有些人覺得，若能讓英國

較直接的治理控管，情況對他們會出現較有利的改變。這兩種方法——英國的居間調解、或英國的治理控管——都試過之後，到後來是第二種方法發揮作用。起先促使英國政治勢力介入的是基督教傳教士；他們希望此區人民能不再販奴、從事合法商業，以期能最終達成基督教文明的理想。這些傳教士其實也很願意靠自己的力量來成就他們想達成的改變，但大部分人認為，如果有英國政府政治及軍事資源的保護與協助，他們的傳教工作會比較容易。英國的貿易組織也努力鼓吹政府的介入，因英國在奈南的公司與當地中盤商——尤其是比亞法拉灣一帶的邦國——的壟斷操作起利益衝突，他們期待英國政府能加以干預。此外，英國政客本身也發現有必要加強英國政府在奈區的勢力，因法國與德國的貿易組織與遠征軍已威脅到英國在奈區的勢力範圍，特別是內地可航行的河流，如奈佳河與貝努約河 (Benue)。時勢所迫，英國勢必加入「瓜分非洲」的行列，那是 1884 ～ 1885 年柏林會議的決定，也就是說，英國或多或少被迫要直接控管整個奈區，不然英國在此區的貿易及政治勢力就會輸給其他的歐洲列強。如此的一團混亂，將奈區當時一些邦國的統治者也捲了進來，他們討好英國傳教士及政府官員，希望能與之聯盟一起對付他們當地的政敵——他們這麼做全然是因為無法預見對英國門戶洞開，繼而讓英國在自己的地方有立足點之後的後果，不然就是沒預備好避免這樣做的後果。

　　從 1840 年起，基督教會在奈南的地方政治上開始產生影響力，從那個年代開始，基督教的福音傳播活動開展迅速。在優

羅巴族區，原本基督教活動只局限在拉哥斯，但 1842 年時一組英國海外傳道會 (Church Mission Society) 的人馬在八達歸上岸，其成員於 1846 年來到阿比歐庫塔。同年衛理公會 (Wesleyan Missionary Society) 的成員也來此與他們會合。1850 年時美國南方浸信會 (American Southern Baptist Mission) 也來此設傳教區。之後各方的傳教士持續試著往內地建立據點，到了 1890 年代時甚至往北開展到以羅林。在奈東南方，1840 年代長老會在卡拉巴設立第一個傳教區，而在奈佳河三角洲區基督教福傳❶起步較晚，要等到 1857 年英國海外傳道會以撒姆爾・阿佳意・克羅瑟 (Samuel Ajayi Crowther) 為首於歐尼治 (Onitsha) 設傳道區才開始。天主教會的傳播在十九世紀後半期於拉哥斯、阿比歐庫塔、歐由、以巴但以及整個奈東南也極為成功。基督教的福傳團體甚至嘗試往奈北開展與伊斯蘭教競爭，英國海外傳道會開展到大草原區，特別在努匹族以及環奈佳河的非伊斯蘭教族群中間傳教，並在尤拉 (Yola)、畢達 (Bida) 及匹利亞設傳教區。不過基督教始終無法在索科托政權的伊斯蘭教領域有任何重要的發展，即使到了二十世紀初期英國在奈區開始殖民統治還是如此。

　　十九世紀基督教在奈海岸區及森林區的傳播之所以能比以往都還要成功，主要有兩個因素：其一，有很多奈區當地族群的統治者在當時認為，容許並鼓勵基督宗教的傳播，對他們會很有助益。從宗教的角度來看，他們認為基督教的神的到來，或許能使

---

❶　基督宗教的福音傳播。

他們獲取多一些神靈的助力來對付他們當地的仇敵。而從商業角度來看，基督教會團體在當地設立的學校很重視英語聽、說、讀、寫的訓練，這幫助非洲人與英國人能更有效地進行交易買賣，尤其當時由販奴業轉型為「合法商品」買賣之必要性逐漸升高，競爭激烈，因此，與鼓吹「合法商品」買賣的英國之間的貿易越來越重要。同時，非洲族群的統治者也看出基督教傳道組織的後盾，就是英國的軍事力量。英國軍隊在此區已變得越來越重要，因此，當地的統治者把基督傳教團體看成是英國的特使，透過這些特使他們認為可獲取英國的支持來對付他們在當地的死對頭。

第二個助長基督宗教在此時期能快速傳播的因素，就是傳教士所注重的一個新焦點：他們看見為促進與當地族群的溝通，需要學習當地的語言以了解他們的文化歷史。十九世紀的基督傳教士首度把當地的語言如伊博語及優羅巴語編入書寫系統，為這些語言編撰字典，並為奈區的族群文化書寫歷史。傳教士甚至把《聖經》譯成當地的語言印出，如此使福傳更快速更徹底。

為了更進一步促進與非洲族群的溝通與交涉，基督傳教士也開始任用已皈依基督宗教的非洲土著來作為福音傳播的種子。這個策略就是派熟悉當地語言習俗的非洲人深入非洲族群當中，然後以當地人能明白的方式和用詞來解釋基督宗教。十九世紀的非洲裔基督傳教士通常前身都是奴隸，這些奴隸在被送往美洲的船上遭英國的反販奴分遣隊扣押，然後送到獅子山。英國在 1822年設立獅子山為殖民地，目的就是要以此為中繼站，把押送到此的奴隸透過宗教皈依進行改造後再遣送回非洲。在獅子山受解放

的奴隸通常都學會英文並皈依基督宗教。從1830年代開始，這些已解放並受改造的前奴隸後來成為基督傳教士最著名的例子就是撒姆爾‧阿佳意‧克羅瑟。歐由帝國瓦解後，隨之而來的優羅巴族群之間的戰爭下受捕的奴隸當中，克羅瑟就是其中一名。他被押送到獅子山後，於1825年接受洗禮成為英國國教信徒。回到優羅巴族區後，他成為1841年奈佳遠征隊的領導者之一──那是基督宗教首次於奈區內地嘗試傳播福音。五年之後，他成為英國海外傳道會於阿比歐庫塔的創設者之一。

　　1857年他前往歐尼治，將英國海外傳道會在奈佳河區的福傳使命工作經營得非常成功。就因為他如此孜孜不倦的傳播福音，1862年他受命成為奈佳區的主教。重獲新生回到非洲故土傳播福音的前奴隸數目其實非常多，克羅瑟只是其中之一。他們大力呼籲反販奴，因為奴隸制度差點毀了他們一生。歐洲傳教士在非洲所做的福傳也是功不可沒，但十九世紀在奈區大部分是由土著們在主導福傳活動，他們給當地的族長和領導人宣講基督宗教對家國社會的助益。只是在1880年代之後，他們卻被剝奪教會中的領導地位。

　　很多奈區的當地領導者之所以歡迎英歐的基督傳教士，是因為他們以為傳教士可以幫助他們請基督教的神，以及英國政府官員來幫忙他們在如此政局不穩、經濟轉型的時代，一起對付他們的政敵。但傳教士比較關心的是傳播福音、終止奴隸制度與販奴活動。雖然傳教士會直接與當地統治者交涉，督促他們要聯合起來打擊萬惡的奴隸制度與販奴業，鼓勵人民從事合法商品的買

賣，但他們大部分認為非洲原民的文化不如歐洲文明與基督教文明，因而需要將之根本推翻、全面翻修，非洲才能享有較「文明」的社會。因此，大部分的英歐傳教士認為要達成上述這些目標，與其與當地傳統社會的統治者合作，不如與英國政府聯手，因前者明顯安於現狀，但後者軍力強大且有效率。他們不僅深信英國政府的治理能幫他們徹底清除奴隸制度與販奴業，他們還認為英國政府會願意提供資源幫助他們在之前基督教難以深入的地方——如依傑布族區和索科托政府轄區——傳播福音。於是基督傳教士，特別是歐籍人士，大力的遊說英國政府保護他們以及他們在奈南所做的事情，而且不斷的催促英政府進行干預，以全面終止奴隸制度與販奴業的運作。因此，十九世紀後半期英政府之所以對奈區當地的政治糾紛多有干涉，可以說絕大部分來自基督宗教團體的遊說與施壓。

　　十九世紀後半期英國貿易商在奈南的商業活動也致使英國政府深入干涉當地的政情。隨著 1850 年代起販奴業的逐漸沒落，棕櫚油的買賣於是變成奈南最重要的商業活動。販油業不像販奴業那樣門檻高，而且棕櫚油樹在比亞法拉灣內地又生長繁茂，結果，十九世紀後半期奈佳河三角洲區和更往東的卡拉巴港區棕櫚油製造業者及中間商之間的競爭越來越激烈，尤其因為連奴隸也開始加入販油的行列（前章提及的佳佳就是個例子），此時歐洲籍油業公司在奈南海岸數目的增加，更使競爭升溫。

　　這時期油業競爭的張力源於英商為此業設定的「信用」系統。這系統的運作模式就是：海岸的英商公司先付給海岸中盤商

一筆預備金以採購一定量的棕櫚油。中盤商拿部分的預備金到內地向那裡的油商買油，然後把買到的油帶到英商公司以完成交易。這種信用系統之所以造成業者之間關係的緊張是因為：一，三角洲區和卡拉巴港區油業者競爭升溫的情況下，使他們在面對英商公司時處於劣勢，因後者可以在驅使業者間敵對的情況下，迫使他們降低油價。二，越老牌的英商公司越能付給三角洲區的中間商龐大的預備金，大到他們根本無法清償，如此，拿了預備金的中間商就無法與新開的英商公司交易，即使後者能提供較好的價格。三，英商債權人與三角洲區中盤商債務人之間常爆發爭執，使英商公司會強取後者的財產，而且他們所取得的財物價值往往超過後者未付清的債款。

就因為這種信用系統滋生越來越多的問題，後來英商公司便想略過中間商直接與內地油業者交易。十九世紀中葉之前，歐洲商人被迫得依賴中盤商之原因有二：其一，任何欲進入內地的歐商都有可能因瘧疾的威脅而喪命。其二，歐人不熟悉奈佳河三角洲複雜的支流、水道及入口；只有中間商知道如何從海岸進入內地與內地的供應商接洽。十九世紀早期英探險家開始嘗試揭開奈區內地的神秘面紗，特別是奈佳河的水道。英探險家如孟果‧帕克 (Mungo Park)、修‧克雷波頓 (Hugh Clapperton) 以及蘭德兄弟 (Lander brothers) 一開始並不知道源於西蘇丹的那條河，跟好幾百英里外在奈三角洲散分成數條支流再注入大海的那條河原來是同一條河。孟果‧帕克於1805年從廷巴克圖 (Timbuktu) 一路沿河來到奈區的奈佳河，是第一個發現奈佳河往東流的歐洲人。很

不幸的帕克在布撒 (Bussa) 的急流中喪生，所以無法繼續沿著河來到奈佳河的終點。1820 年代時克雷波頓發現奈佳河流經豪薩族區。他去世後，他的僕人理查‧蘭德 (Richard Lander) 繼續沿著奈佳河來到奈佳與貝努約河的匯流處。到了 1830 年蘭德和他的弟弟終於設法從布撒航行到位於奈佳河出海口三角洲上的柏拉斯 (Brass)，證明奈佳河是世界上最利於貿易活動的最長河流。

這個發現促使英人試圖把傳教活動及英國的貿易勢力向奈內地伸展。1841 年的奈佳遠征隊就是他們的首度嘗試，目的是要在內地建立一所教堂及一個模範農場，可惜沒有成功，因遠征隊裡大部分的歐人都死在途中，之後這個行動也沒有成就任何長期的效果。到了 1854 年，威廉‧白齊醫生 (Dr. William Balfour Baikie) 為配合克羅瑟在奈佳三角洲建立奈佳教會 (Naija Mission) 而帶領的遠征隊就比較成功。他用奎寧來對抗瘧疾，證明歐人也可以在奈內地生存。這次遠征的成功造就了歐尼洽和羅克佳 (Lokoja) 兩處教會的建立。

白齊醫生的成功對英商進入奈內地組織公司產生不小的鼓舞。1857 年麥克葛雷格‧萊爾德 (Macgregor Laird) 在奈佳區設立汽船公司，雖然到後來由於競爭過於激烈，以及海岸的英商公司及其承包商的強烈抵抗而倒閉，萊爾德依然證明了只要能把惡性競爭控制下來，英歐人士到奈內地組織企業將會很有利潤。不過這種外國公司不經由海岸承包商直接到內地設廠的可能性，無疑威脅到中間承包商的生存以及當地海港的經濟，海岸依賴信用系統運作的老牌英商公司，其利潤也會因此而縮減。這種緊張局

勢造成奈區經濟不穩定，因此英商以及海岸中盤商都要求英國政府協助修復經濟體系的平衡，不過這樣做無疑在為英國殖民奈區鋪路。

十九世紀末，法、德兩國對西非的野心也促使英國政府進一步干預奈區的政治。1870 年代晚期，法國開始積極在西非伸展其政治勢力，從塞內加爾起，逐漸推進至西蘇丹及奈佳河上游流域。到了 1881 年已開始興建鐵路連接塞內加爾及奈佳河上游，而且也在阿波 (Abo)、歐尼治以及葉嘎 (Egga) 設立基地。幾乎在同時德國也試圖往奈區推進勢力。早在 1880 年德國已對貝努約河流域做過探測；1884 年德國併吞喀麥隆 (Cameroon)，其西方邊界威脅奈南的卡拉巴港區，而越過其北境，德國可自由的在貝努約河流域伸展勢力，一旦得逞，從貝努約再伸展到奈佳河，可說易如反掌。

歐陸列強紛紛爭先恐後在非洲大陸伸展勢力的新趨勢，終於導致 1884～1885 年柏林會議的召開。這個會議為列強在非洲爭取殖民版圖設下規則，其中一個最關鍵的規則是：先確立與當地統治者簽下「保護」條約以設立「受保護國」，然後在已成氣候的殖民統治區派軍隊駐紮作為「有效的占領」，所以柏林會議的召開是列強「瓜分非洲」的正式開端。根據此會議列強為個別的戰略及物質利益彼此協議瓜分非洲大陸。此時英國害怕的就是：如果德、法的勢力進入奈佳河區，他們有可能會「有效的占領」該區，最終會掌控整個奈佳河流域的控制權。一旦德或法在該區的政治權力確定，便有權對別國課昂貴的關稅，如此勢必嚴重威

脅英商在該區的生存空間。為了防止這種情況的產生，英國政府
開始積極確立在該區的政治統治權。

第一節　南奈及利亞保護國的設立

　　基督教會與英商組織的散布，以及 1880 年代後為阻止德法
商、軍勢力之進入，使得受命監護英國在貝寧灣及比亞法拉灣海
岸諸邦之事務的執政官從 1850 年代起越來越深入干涉奈南海岸
諸國的政治，結果導致 1861 ～ 1885 年間英國直接控管海岸諸
邦。併吞海岸諸國後，英國接著向奈內地伸展政治勢力，不久
優羅巴諸邦及奈佳河與貝努約河岸諸邦也成為英保護地。英國
之所以得以完全掌控奈佳河及貝努約河岸區域，都要「歸功」
於「皇家奈佳公司」──（Royal Niger Company，由喬治・高
迪爵士 [George Goldie] 所特許）──在此區的企圖與做法。英

軍於 1900 年將奈佳河流域弄到手
之後，便接著把注意力轉往北方的
索科托轄區。在弗列德立克・路格
德 (Frederick Lugard) 領導的一系列
進攻之下，英軍終於擊垮索科托；
1903 年 7 月的一場戰役中擊斃索
科托的伊斯蘭宗教領袖之後，整個
原屬於索科托政權的奈北地區就此
落入英國殖民政權的掌控，與奈南

圖 11：喬治・高迪爵士

合併成為英屬奈及利亞保護國。

　　英國用了四十多年的時間才使整個大奈及利亞區殖民化。在奈南英政府發布策略的基地有二：其一是位於西邊的拉哥斯港，是英國在優羅巴族區殖民運作的中心基地；另一處是東邊奈佳河三角洲區及卡拉巴港區的諸貿易州。英國直接介入拉哥斯港區的政治始於 1851 年，那時阿比歐庫塔的教會團體說服當時英國在貝寧灣區及比亞法拉灣區的執政官約翰・比克羅夫特 (John Beecroft) 派兵逼使當時拉哥斯州王科索克 (Kosoko) 退位，以擁護其政敵阿齊托業 (Akitoye) 就位。阿齊托業出身艾哥巴族的王室。科索克不斷對拉哥斯的教會組織及英商的貿易活動挑釁，而且對英國政府在該區的反販奴命令也不服從。不僅如此，教會組織懷疑他夥同達荷美威脅艾哥巴族的安全。而四面楚歌、孤立無援的艾哥巴成了該區第一個歡迎基督教會的族群，只希望能獲得英國政府的保護。比克羅夫特希望阿齊托業替代科索克成為拉哥斯州王之後能真正結束販奴活動，並藉由鼓勵「合法」商品的買賣穩定該區的經濟。他甚至計劃開放拉哥斯為阿比歐庫塔的港口，以擴展英國在該地的傳教與貿易事業。於是，1851 年 12 月他下令轟炸拉哥斯，逼使科索克逃亡。阿齊托業按計劃被拱上王位，但他必須遵守一個條件：簽訂反販奴條約。不幸的是，接下來的十年裡阿齊托業並無法如英國政府所願使當地經濟穩定下來。1861 年拉哥斯遭英國併吞，成為英國殖民地，由派任該地的英國總督直接管轄。這是英國殖民奈及利亞的開端。

　　以拉哥斯為基地，英國逐漸向奈內地伸爪，漸漸的，優羅巴

族區也落入英國管轄。1886 年英國首次大舉軍事干預奈內地的
戰爭,那年英國成功的結束以巴但與艾基提一意傑沙一艾哥巴一
依傑布一依非盟軍之間的長年戰爭。各方都厭倦這個長達十五年
的艾基提帕拉普之戰,於是當英國干預主張和平時,各方都歡
迎。英國帶來的和平條款雖結束了這個長年的戰爭,但同時也在
奈及利亞展開大規模殖民統治之門。這個和平條約規定所有簽約
國若日後彼此有任何紛爭,都必須由英國調停解決。另外,簽約
國必須同意自由貿易,而一旦優羅巴族區行自由貿易,英國要深
入奈內地從事商業活動或設立商業組織就更容易方便了。

　　英國以此條約為藉口,1892 年強行攻占依傑布族的地。依
傑布老早就懷疑白人來奈區的動機,不論是傳教士、商人,抑或
是英國政府官員,他們一律排拒;幾乎整個十九世紀,依傑布一
直禁止白人來他們的地方。1891 年拉哥斯州代理州長巡訪依傑
布,欲與其國王討論貿易條款時,不料後者加以拒絕,結果英國
以此為違抗條約協議之舉,強行攻占依傑布的領土,依傑布僅四
天就被英軍打敗了。英國以此殺雞儆猴,對所有優羅巴區的部族
宣告:英國是該區的最高統治者,任何違抗者,英國政府有權以
其優越的槍砲加以攻打。1893 年英國政府官員對優羅巴諸國宣
布新的保護條約時,大部分優羅巴族國王眼見大勢已去而簽字放
棄他們的統治權,於是優羅巴族區就此淪為英國管轄,和拉哥斯
州一樣成為英國殖民地。只有在森林區重建的新歐由王國奮力抵
抗英軍,然而新歐由很快的面臨和依傑布同樣的命運。1894 年
12 月 12 日英軍猛轟新歐由的城鎮,不多久這個新王國也臣服於

英國殖民統治之下。

　　位於比亞法拉灣的港市也遭逢如優羅巴族區的命運，英國政
府高唱的主調——反販奴及自由貿易——終究使此區淪為英國殖
民統治之下。比灣貿易競爭激烈，非常需要訂定法規加以管制調
節，不管是當地的貿易商或是英商組織，都促請英國執政官出面
穩定前述的信用系統以調解糾紛。當地土著領袖也積極與英國執
政官建立友好合作關係，以期聯合對付其政敵；他們寧可把政權
讓給前者，也不願屈從於後者。英國執政官坐擁調解官的身分而
獲取很大的權力，任何王位或族長位之爭，總是英國執政官親信
的一方獲得勝出。久而久之，英國執政官彷彿變成傀儡操縱人，
任何人只要是願意執行其政令的，就有官可做。在早期，所謂
「執行英國執政官的政令」無非是簽訂並遵從反販奴及自由貿易
的契約，並且允許傳教活動在相關區域進行。然而到了 1880 年
代，遵從政令指的是簽訂保護條約，把政權轉讓給英國政府。

　　從十九世紀中葉開始，英國執政官的權力快速增加；這點
可從卡拉巴事件看得出來。卡拉巴兩個最強大市鎮的國王——
小溪鎮的埃由二世 (Eyo II of Creek Town) 和公爵鎮的艾延巴五世
(Eyamba V of Duke Town) 於 1846 年都展開雙手歡迎基督傳教士
的到來，因為他們相信這麼做便能與英國執政官建立友好同盟關
係，並誘使後者支持他們的政治立場與貿易活動。然而傳教士決
心廢止卡拉巴以奴隸為人祭的傳統宗教儀式，因此促請英國執政
官比克羅夫特加以干涉。1850 年比克羅夫特與埃由和繼承艾延
巴的阿齊邦一世 (Archibong I) 協定一條約：禁止以人為祭，並禁

止殺雙胞胎的迷信行為。當老鎮 (Old Town) ——小溪鎮與公爵鎮的近鄰——於 1855 年犧牲一些奴隸作為人祭時,比克羅夫特便加以轟炸,把整個老鎮摧毀,並強迫老鎮的國王簽訂相同的條約作為重建老鎮的條件。阿齊邦一世以及 1852 年繼其王位的以法連公爵 (Ephraim) 之所以能坐上王位,與英國執政官有絕對的關係,只因為他們聽從比克羅夫特的命令行事。

上述卡拉巴灣區的國王與比亞法拉灣海岸諸邦的國王有同樣天真的想法,他們都以為在政治上隸屬於英國政府,會有利於他們管轄區的經貿發展,同時也能加強與英國的關係。果真如此,他們將會比其他奈區的國家更富強,甚至也會比當地的英商更處於有利的位置。但很不幸的,他們的願望根本不可能實現。英國執政官主要的功能當然是保護英國在奈區的利益,因此,在仲裁商業糾紛時總會偏袒英商組織,而在干預當地的政治時,也會犧牲當地商販的利益以助益英國在奈區的經貿發展。舉例來說,為調解英商組織與當地經銷商之間的糾紛,1856 年一所衡平法院在卡拉巴灣區設立。這法院由一組投票成員所組成,但大多數成員來自當地主要的英商組織,而主席則由英國執政官自己擔任!如此的組織,當然做出的決定很少會有利於當地的商販。這個卡拉巴法院是根據比克羅夫特於 1850 年在邦尼港所設的法院組織模式所建構的。如此的外邦組織所行使的司法權,不僅犧牲當地中盤商的權益以維護英商的利益,同時也逐步削弱當地政治領導人的主權。

在三角洲區,英國的政治干預策略也是採相似的方法。1853

年在邦尼港的衡平法院裁決下，比克羅夫特罷免邦尼的佩普王，
因他欲發動戰爭攻打葉連・卡拉巴理鎮 (Elem Kalabari)。二十年
來佩普王一直與英國在此區的經貿利益過不去；他一再的拒絕放
棄他在內地市場的控制權，而且任何人膽敢挑戰他在此區的經濟
優勢，他便對其發動戰爭。佩普的繼承人，達坡 (Dappo) 被迫簽
訂一條約，以示同意邦尼的衡平法院擁有最高的司法裁決權；條
約更言明達坡王不得從事貿易，而且非經英國的貨載管理人許
可，不得發動戰爭。結果邦尼港很快的蕭條了，而且隨著內戰導
致佳佳王於 1869 年建立歐坡堡後，邦尼再也不是三角洲區最強
盛的邦國。佳佳王有能力從歐坡堡控制內地的市場，雖然他這麼
做一開始惹怒英商，但最終後者不得不承認佳佳王為該區最優秀
的領導者，而且還在 1873 年正式公認歐坡堡的合法地位。佳佳
王是那個時候比亞法拉灣區最厲害的領導人，因為他比任何其他
的政治領袖還能有效的維持市場的控管；其他人就像達坡一樣，
一個接著一個的被英國執政官收買簽訂上述的條約。

　　到了 1884 ～ 1885 年柏林會議召開期間，英國所關心的事，
已不再是如何略過比亞法拉灣的海港中盤商以直接到內地做生
意，而是如何避免讓德、法有機會削減英國在奈佳河及貝努約河
流域的勢力。1880 年法國的貿易商船已出現在三角洲區，而且
在奈佳河上游的幾個要點設置貿易站。同時期德國已從東邊逐
步侵占卡拉巴港區及貝努約河，並於 1884 年併吞喀麥隆。於是
1884 ～ 1885 年期間英國執政官休約特 (Hewett) 走遍整個海岸地
區——從卡拉巴到西三角洲——並且運用職權輕而易舉的說服當

地領導人簽訂他設的保護條約。基本上，這些條約言明簽約者願意把其國土的統治權讓予英國政府，並已准許英國政府代為執行外交關係，最後還規定後者有權干預當地的政治，以維護和平及確保自由貿易的運作。連佳佳王也簽了一個條約，即便他非常謹慎，而且多有保留。1885 年休約特以英國聯合王國之名，公布石油河領地 (the Oil Rivers Protectorate) 的設定。後來佳佳王違反保護條約的條款，持續阻止英商進入他內地的市場，英國政府便有藉口將他罷免，並把他放逐到西印度群島，以此警告所有其他當地的領導者：不從命，下場便是如此。貝寧河區伊切克立郡郡長拿納 (Nana, the Itsekiri Governor) 也遭逢相似的命運，他拒絕讓英貿易商進入他內地的烏爾賀博 (Urhobo) 市場，結果於 1894 年被英國執政官罷免並放逐。

圖 12：柏林西非會議規範歐洲列強在非洲的擴張行動

1891 年克勞德‧麥當勞爵士 (Sir Claude McDonald) 為石油河領地擬定一正式的統治結構，他自己還成了此領地的第一任總執政官。1893 年石油河領地改名為奈佳河海岸領地 (Niger Coast Protectorate)；1897 年貝寧王國被迫成為此領地的一部分，於是，奈佳河海岸領地西境延伸至拉哥斯領地的東界。

圖 13：克勞德‧麥當勞爵士

第二節　皇家奈佳公司

1885 年奈佳河三角洲及卡拉巴港區落入英國控管後，英國政府接下來只要補強奈佳河及貝努約河流域上的英商組織控制強度，以避免德、法的侵吞。這回英國政府的作法不是訂條約把奈佳河和貝努約河歸為其領地，而是在 1886 年授予喬治‧高迪的國有非洲公司 (National African Company) 皇家特許狀。此公司不久更名為皇家奈佳公司 (Royal Niger Company)；有了皇家特許狀，皇奈公司便有權在任何奈佳河與貝努約河的領土上支配、執行政治及貿易政策，只要皇奈公司不干涉當地的宗教、律法或習俗——除非是為了制止販奴活動。在皇家特許狀的授權下，皇奈公司得以支配三角洲到努匹之間的奈佳河，及尤拉以下的貝努約河流域之貿易活動。政治控管只是皇奈公司的次要目的；其主要

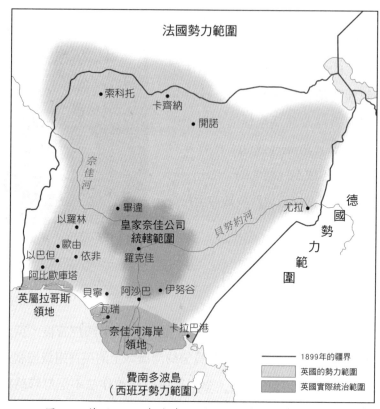

圖 14：英國 1899 年在奈及利亞區的勢力及統治範圍

目的是要壟斷奈區內地可航行河道流域上所有的貿易活動。

　　從英國國會的角度來看，皇家特許狀的授權原是相當聰明的作法。根據特許狀的規定，奈佳河領土的行政管理權由皇奈公司行使，而公司的薪資從公司的收入而來，不是由英國政府支付。即便如此，此特許狀依然在奈佳及貝努約河流域上創造出一種英國政府的勢力範圍，因而很顯然的防止了德、法在這兩條兼具戰

略與貿易功能的河流區域內擁有立足點。而從高迪的角度來看，此特許狀無疑是潛在的金礦。高迪一直都認為英歐公司在奈佳河流域上的商業收益率因為過多公司之間的競爭而受阻，於是高迪便利用此狀藉機把不同的貿易組織合併起來。1879 年高迪已成功的把奈佳河流域上三家最大的公司合併成為聯合非洲公司 (United African Company)。到了 1882 年此公司另組，更名為國有非洲公司，並且還修改公司章程，使公司組織能更靈活的從英政府，以及與公司協定條約的當地統治者手中獲取政治管理權。高迪身為國有非洲公司首腦，更於 1884 年買下三家法國競爭公司的全部股份，而變成奈佳流域上最大的公司。高迪的野心使此公司過度壟斷。他公司所領受的特許狀規則上是他有義務促進自由貿易，但卻也使他有權另設貿易規則，以排除所有可能的競爭對手。於是，在高迪的領導下，不僅獲得英國政府特許狀而改名為皇家奈及利亞公司，更儼然成為商業帝國。

那些與當地統治者所訂的條約，更是進一步為皇奈公司的管轄權做背書：任何要在奈佳河流域上進行的貿易條款，都必須經由這家最大也是唯一擁有合法特許權的公司通過；結果所定出的條款總使皇奈公司享有最大的利益。就這樣高迪利用特許狀賦予他的權力，以及諸多維護他公司利益的條約，逐一把所有競爭對手排除。皇奈公司對進出口貨品設下重關稅，所有的進出口商都必須在貨品進出皇奈公司於三角洲阿卡薩鎮 (Akassa) 的總部繳稅。還有，任何外商若要在奈佳流域從事貿易，都必須先付一百英鎊購買許可證；如果要買賣酒品還得另付一百英鎊。如此的限

制有效的把所有的小規模貿易商排除掉。而為了預防大型公司進入此區競爭，皇奈公司特別對軍戰材料及酒品課取幾近 100% 的重稅。如此一來，除了皇奈公司以外，沒有任何其他公司能從買賣這類貨品中獲益。那時軍火及酒品已變成合法商品，也只有藉由這類商品的買賣，外商公司才能與奈佳流域的當地統治者展開貿易協商；若不做這類商品的交易，外商很難有機會在奈佳或貝努約流域建立貿易關係。

這種種的限制使得皇奈公司變得很不受歡迎；其他的英國貿易公司對皇奈很不滿，他們看出高迪只不過是以皇奈的壟斷作法，來取代昔日當地海岸中盤商的壟斷地位。當地的土著現在也很厭惡皇奈，因為他們在奈佳流域做買賣的權力，不是嚴重銳減就是已被完全根除。皇奈明目張膽的壟斷行為，不僅惹火了西非的其他公司，也令在英國的很多公司不高興。英國國會甚至在 1889 至 1891 年間開始對皇奈的商業及行政管理制度進行調查，但克勞德‧麥當勞所做的調查報告還是偏袒皇奈；雖然麥當勞提出好幾項改革以約制皇奈的壟斷作法，但這些改革從來沒有付諸實施，於是皇奈依然為所欲為。自 1891 年起英國政府甚至願意犧牲它原本自由貿易的立場，就為了要讓皇奈代表英國政府掌理奈佳流域的行政管制，以阻止德、法進駐此區；如此英國就可免除直接殖民統治的財務負擔。

到了十九世紀末情勢出現大逆轉，皇奈公司終於失去其政治資本，1899 年英國政府決定撤銷皇奈的特許狀。造成皇奈公司的沒落，並使英國政府看見採取直接殖民統治才能有效掌理「奈

佳領土」的原因是：第一，1895年英國保守黨已從威廉‧葛雷德史東 (William Gladstone) 的自由黨手中取掌國會控制權。新總理薩利斯伯理侯爵 (Lord Salisbury) 任用激進帝國主義者喬瑟夫‧錢伯林 (Joseph Chamberlain) 為殖民部秘書。對於把殖民地交由特許公司代為治理的手法，錢伯林非常懷疑，他認為只有讓殖民部執行全面的殖民統治，才能有效掌理殖民地事務。

第二，錢伯林掌司的殖民部發現，皇奈公司根本無法有效促進殖民地的和平安定及自由貿易的運作。揭示皇奈統治下之禍害的，莫過於發生在柏拉斯族民 (the Brass) 中的一場災難。柏拉斯族民居住於奈佳三角洲的紅樹林沼澤地。一直以來這個少數民族都是以貿易為生。由於他們所居住的紅樹林沼澤地根本不宜農耕，因此他們販賣鹽、魚以及歐洲舶來品以換取內地出產的食物。奈佳河一直都是他們貿易活動的管道，但皇奈開始掌控奈佳流域後，他們便再也不能合法的使用奈佳河。嚴格來說，當時柏拉斯族民屬石油河領地，就奈佳流域來說，算是外來的組織，因此，需要繳交皇奈所規定的牌照稅以及進出口稅才能使用奈佳河，但他們根本付不起這些稅，因為皇奈如此規定本來就是要排除競爭對手。結果他們便想盡辦法偷渡或找尋其他的貿易路線，可惜都不很成功。於是他們所能買進的食物便越來越少，到後來他們便開始挨餓。

難忍飢餓的柏拉斯族民開始懷恨在心；他們認為皇奈擺明要他們「吃土」也不准他們使用奈佳河，於是他們計劃展開暴動。他們打算寧可橫死在英國的槍砲下，也不願餓死。於是，在科科

圖 15：科科王帶領族民搭乘獨木舟襲擊阿卡薩

王 (King Koko) 的帶領下，1894 年 12 月 29 日柏拉斯武力襲擊皇

奈在阿卡薩的總部。他們搶走了很多皇奈公司的財產，還損毀了

皇奈的倉庫及機械，他們甚至還綁走了幾個公司員工。他們在宗

教儀式中把這些員工當人祭，最後還把他們吃了。這個宗教儀式

是為了平撫當時肆虐的天花疫病而舉行。

　　即使皇奈所遭到的襲擊野蠻殘忍，但英國人民普遍認為皇奈

的政策不道德，才會招來如此橫禍。但高迪當然要報復，他下令

砲轟念貝鎮 (Nembe)，但這場仗打得一點也不火熱，也沒能使柏

拉斯族民完全降服。大部分的政商組織認為，柏拉斯族民之所以

孤注一擲，皇奈公司要負全部的責任，因此即使高迪鼓吹他們參

戰，他們也不太願意為這場高迪自找的麻煩耗費太多他們自己的

槍砲彈藥。

　　第三，皇奈公司所受的最後致命一擊，來自於錢伯林與高迪

就皇奈西北邊境設置領地一事，看法與做法不合。即使皇奈在
奈佳河流域高視闊步，而且它絕大多數的條約使其獨占此區的
貿易權，但法國依然沒有放棄在奈佳河建立政治勢力及發展貿
易網的企圖。法國頻頻努力的在北方——奈佳河上游——建立
基地。1889 年獲取達荷美後，法國便開始由尼齊 (Nikki) 往東派
遣遠征隊，並於 1894 年占領柏爾古 (Borgu) 的達恩博格堡 (Fort
D'Arenberg)。同年 12 月一艘法國的砲艇還明目張膽的從三角洲
強行駛進奈佳河，直到往上游一百哩處擱淺才作罷。最直接威脅
發生在 1897 年，法國攻占奈佳河岸的布撒。布撒雖不在皇奈條
約的地區範圍內，但已經非常接近了，法國很有可能從這個地點
建立足夠的軍力，以挑戰皇奈在奈佳流域的行政統治權。錢伯林
要高迪使用皇奈公司的武力來保衛公司的領土，並逼使法國撤出
布撒，但高迪不願意從命。高迪前不久才戰降努匹和以羅林，將
此二地歸為皇奈管轄；他打那場仗除了要把法國勢力逐出之外，
另一部分原因也是要防止英國的殖民遠征軍打出優羅巴的領域
（也就是皇奈的勢力範圍）之外，往北征討——也就是為了避免
他在奈佳流域的政治勢力因遠征軍北討而逐漸式微。

　　現在高迪覺得他公司的權力地位遭到威脅，他要求英國政府
更新皇奈的特許權，還要求錢伯林的殖民部自己出兵來穩固布撒
的情勢，理由是前不久那場仗使他無法再耗費另一次昂貴的軍武
來為英國保衛奈佳流域。對於高迪的這兩項要求，錢伯林沒有答
應。相反的，錢伯林任用弗烈德瑞克‧陸葛德 (Frederick Lugard)
為總司令開創「西非邊疆軍力部」(West Africa Frontier Force)。

陸葛德是熟練的殖民軍官；1892 年中非西岸的烏干達之所以能歸英國管轄，他功不可沒。他原受僱於皇奈公司，但錢伯林選他為英國殖民部發起宣傳活動，目的是使殖民部從皇奈公司獨立出來，以方便把法勢力逼出奈佳流域之外。然後錢伯林與高迪協商廢止皇奈之特許權的條件，一旦高迪滿意錢伯林為他所做的財務安排之後，便同意把皇奈公司的資源轉給「西非邊疆軍力部」的宣傳活動。事成之後，陸葛德的軍隊進逼，不久法國撤出柏爾古，於是英國再度穩控奈佳。1900 年 1 月 1 日起，皇奈公司對奈佳河和貝努約河流域不再擁有治理權。靠近奈佳三角洲，原屬皇奈南部領土的棕櫚油樹區，現在與「奈佳海岸領地」(Niger Coast Protectorate) 合併為新「奈南領地」(Protectorate of Southern Nigeria)，而原屬皇奈北部的領土（包括以羅林），現在變成「奈北領地」(Protectorate of Northern Nigeria)。殖民部略過高迪，提名陸葛德為奈北領地的首任最高首長。對於皇奈這個稱霸一時的壟斷公司之消逝，少有人感到難過。

第三節　索科托伊斯蘭政權的瓦解

陸葛德現在所面臨的當務之急，就是想辦法併吞索科托政權的領土，以擴展他新成立的領地。英國政府之所以把「奈佳領土」重組為南北領地，目的就是要充分的對奈佳河及貝努約河流域進行全面的帝國統治。在英國政府看來，光是殖民統治河流沿岸諸州，並不能確保此二河流域的安全與穩固，因為索科托政權

繼續存在領地的北方。為什麼索科托政權的存在對英國於此區的殖民統治會是個問題呢？首先，雖然畢達、以羅林、及尤拉已屬英國領地，但索科托政權依然是它們的宗主國，索科托君王的影響力有可能削弱陸葛德的威權，甚至導致英國領地內部起內訌造反。其二，索科托的存在極有可能成為法國極力追討奈佳流域的管道。1900 年時法國的統治範圍已經擴張到整個西蘇丹，包括直接與索科托西邊及北邊接壤的領土。如果法國比英國早一步征服索科托，法國便能輕易的從北方奈佳河上游處沿河進軍南下。為防止法軍侵犯，皇奈公司於 1899 年曾試圖在索科托境內設置軍事崗哨及常駐公使，但卻遭索科托君王斷然拒絕。因此，陸葛德認為此時唯一確保奈北領地以及奈佳、貝努約二河流域的辦法，就是征服索科托，並將其領土納入他的奈北領地。

對於英國極有可能接管索科托領土，索科托的統治者並沒能積極示警，這是因為索科托政權屬分權制，政令的傳達不僅無法快速，而且不一致。索科托的統治階級也沒有常備軍，即使有任何緊急狀況，也無法立即調遣大批軍力救援，所以若英軍來個突襲，索科托的酋長們大都只能自力救濟。而事實上索科托政權也正因為如此而快速淪陷於英國手中，1903 年 3 月 15 日，索科托軍隊敗給英軍，陸葛德生恐帝國君王阿塔喜如 (Attahiru) 逃往他處另立門戶甚至反攻，便下令英軍繼續追逐阿塔喜如，並於同年 7 月 27 日在博爾密二次戰役 (Second Battle of Burmi) 中將他殺害。

薛胡‧奧斯曼‧旦‧弗迪歐所創立的索科托伊斯蘭教帝國就

此淪亡。帝國中很多顯貴不甘屈服於外邦（且是非伊斯蘭教）的統治，紛紛往東逃逸。有的前往麥加朝聖，其他的則前往蘇丹加入馬赫迪 (the Mahdi) 的千禧年軍陣營，準備反抗英國的統治。原索科托領土於是併入奈北領地。陸葛德採間接統治，任用順從英國殖民統治的各地酋長來治理原伊斯蘭教領土。1904 年原就獨立於索科托政權之外的波努王國也被英軍占領，並納為奈北領地的一部分。

第四節　奈領地原住民的反抗及英國殖民政府的暴力鎮壓

征服了索科托的英國殖民政府，終於讓英國在奈及亞的南北領地劃定了疆界，但這並不表示從 1903 年起所有在這個疆界內的人民都臣服於英國的統治。征服索科托只表示英國政府不需要再用外交手腕來控制奈區。領地疆界內有很多區域都持續奮起反抗英國的統治，但慢慢地，在二十世紀的第一個十年內，這一區區的反抗都在英國的槍桿鎮壓下屈服了。1901 ～ 1902 年期間，英軍從奈南領地往北進入伊博族區中心並擊潰阿羅族群，因英國政府認為他們是整個伊博族群的大領主。阿羅族群很快就屈服了，但英國政府很快就發現，征服阿羅並不等於征服整個伊博族群。在第二章末已提及，阿羅族群雖是伊博族宗教／儀式力量的領袖，但伊博族的政治制度屬極度分權制，結果英國政府在接下來的十年內，一個部落接著一個部落慢慢的攻克奈內地。

在奈佳流域圍繞阿沙巴鎮 (Asaba) 和歐尼洽鎮的西伊博族群所發起的艾庫梅庫反抗運動 (the Ekumeku movement)，從 1880 年代起到 1909 年此組織遭擊垮為止，時常給英軍製造麻煩。艾庫梅庫是西伊博眾族群集合起來所組織的防衛體系，若其中任一族群面臨英軍的威脅，其餘周遭的族群便會派遣此組織的士兵去加以對抗，戰事結束之後，這些士兵便打道回府。因為這種防衛體系屬分權制，所以英軍難以攻克，其各個單位分散於廣大的範圍，而且一旦任一單位的首領或士兵遭殺害，這個體系可以很快的另派人員過去加以取代。1898 年艾庫梅庫起義反擊皇奈公司，經過一段長時間不分勝負的對打之後，皇奈終於讓步。之後此組織解散了一陣子，到了 1900 年又再度興起防衛阿沙巴鎮及其內地，以對抗奈南領地的新殖民政府。雖於 1902 年遭英軍擊敗，但 1904 年此反抗運動又再度興起。1909 年又起來反抗時，因軍力懸殊太大終遭英軍全數殲滅。

英軍的暴力威脅與鎮壓，是英國政府之所以能把一區區的奈領土變成英國殖民領地最主要的方法。若不按英國政府的規則，等於是接受死刑，不然就是準備被罷逐異地。英國的軍事威力（如皇家海軍、大砲、機關槍）還有英國殖民政府隨時準備以軍武來維護大英帝國及帝國同盟之利益的事實，使得很多當地原住民統治階級爭先恐後的與英國結盟，以對抗他們的政敵。這些原住民統治者於是張開雙手歡迎英傳教士及貿易商，並簽訂英國所設定的條約，只希望能藉此說服英國殖民政府在處理當地政治糾紛時，能站在他們這一邊。優羅巴族的艾哥巴部族就是這樣的例

子。其他的原住民統治者（如歐坡堡之佳佳王）雖然比較小心，但為了避免與船堅砲利的世界強國正面衝突，最後還是免不了簽訂條約。還有一些像索科托君王阿塔喜如，會公然對抗英軍的侵犯，但最終還是目睹他們的政權，甚至他們自己的性命被奪走。

　　不管是哪個部族，也不管作法是消極或積極，奈區人民反抗英國殖民統治的行動最終都面臨英國政府的暴力鎮壓。有時英國政府所採取的暴力手段，就是把頑固的原住民統治者換掉／罷逐，而以較聽話的人來取代其位置。有時其暴力的作法就是猛力砲轟某部族的國土或族區，直到所有的反抗力量不再存留為止。當然這種暴力鎮壓的作法最主要就是要達到殺雞儆猴的效果。就這樣從十九世紀末到進入二十世紀，英國政府仗其優勢的軍武及暴力的作法，把在奈區的殖民範圍伸展到極致。

第五章 | *Chapter 5*

奈區 1929 年之前的殖民
社經狀況

第一節　英國在奈區的殖民統治制度

　　英國在奈區各個領地的殖民行政制度之發展，過程步驟並不
統一，計劃的施行也不一致。事實上，英國殖民政府在奈地每個
區域的行政作法都是因應各區的特定狀況而定。雖然如此，英政
府在每個區域的殖民行政體系都有兩個首要共同點：第一，各區
的行政體系都遵循同一理想原則──即英的殖民統治不僅該為英
國人民，也應為奈區人民，帶來最大可能的利益。這個原則就是
陸葛德在 1920 年代所稱的「雙重委權制」(Dual Mandate)：英國
殖民政府聲稱要迅速有效的治理殖民地，好使大英帝國輸出奈區
的原物料（同時也藉此打開奈區的歐洲市場）獲取利潤。同時，

英國宣稱殖民奈區為該地 (1) 帶來經濟發展，(2) 根除販奴制度，
(3) 去除奈區傳統政治制度中（英國政府所認為）的腐敗現象，
(4) 促進奈區傳統社會（在英國政府看來）所欠缺的工作倫理，
(5) 並且根據英歐的健康衛生觀念，來教育奈區人民。如此，英
國聲稱他們的殖民為原本落後的非洲社會，帶來進步與文明。

　　另一個首要共同點是：英國殖民政府認為「間接統治」是執
行雙重委權制最有效的方法。所謂的間接統治就是透過任用現存
的原住民統治階級來治理殖民地，也就是殖民政府讓傳統的國王
或族長，繼續以人民習慣的傳統政治社會制度來治理他們的領
土。不過，這些傳統統治者必須隸屬英國的殖民長官，而殖民長
官的任務就是確保這些原住民統治者遵守「文明化」治理的原
則，即廢除奴隸制度、提倡合法商品的買賣，以及接受在個別的
領土內施行自由貿易。從英國的角度來看，間接統治可以允許奈
區的文化繼續維持其固有而且有價值的傳統習俗，同時還能移除
一些阻礙奈區社會發展的陋習。

　　但實地操作時，間接統治常常無法按計劃運作。在奈東南
部，殖民長官甚至很難找到各地的傳統統治者。間接統治成形的
過程始於 1890 年代，克勞德 · 麥當勞執掌當時剛設立的奈佳海
岸領地，克勞德根據英國執政官在 1850 年代於石油河領地所設
立的衡平法院，於 1892 年的卡拉巴灣區設立一所原住民法院。
此法院的代表成員由卡拉巴的首要統治家族所組成，而主席則
由英國首長自己擔任，是為大跨河區眾小法院裁決糾紛的上訴
法院。

　　這種從海岸區發展出來的原住民法院制，於二十世紀初期英國政府把奈東南部納為殖民領地而綏靖時，傳播到內地。但英國政府發現要在內地設立這種原住民法院很難辦，因為內地的政治架構和海岸的獨裁制完全不同，伊博族、伊比比歐族(Ibibio)、烏爾賀博族以及其他的內地社會採取部落或部族為單位的代表民主制，也就是一種分權制——這些區域的族長可以說是有名無實的領袖；他們最主要的責任只是監督宗教儀式的執行，而無權掌管部落或部族的政治事務。這種分權制沒有所謂權位最高的族長，結果殖民政府只好與當地人民開會決定族長人選，或由當地族群代表成員任意推舉。

　　原住民法院的威權完全源於英國的委任權制，任何成員一旦被舉坐上權位，就享有委任權，也就是說，他的權力與當地傳統政治制度不需要有任何關聯。因此奈東南部的原住民法院代表被譏稱為「委任族長」(warrant chiefs)，這種原住民統治者的形成完全是因應間接統治的原則而設立。如此，這種原住民法院機制「胡亂」的把行政及司法權交給與當地傳統政治體系無關的人。英國殖民政府即使與當地人民開過會，最後也還是會用族群中沒有身分地位的人當代表。更糟糕的是，有時殖民政府要求部族把他們的族長推舉出來，但當地人民以為被推舉出來的人就是等著被殺，而另有些部族甚至誤以為殖民政府要的是貢品。這就是為什麼沒有身分地位的人，甚至是奴隸或無賴會被交付權力。再者，殖民政府交給原住民法院的司法管轄範圍常會跨部落或跨部族界線，結果委任族長所管轄的會是不同的部族，後者既無法把

委任族長視為同族，就更不可能把他看成是合法的管理者。

英國在奈區的殖民行政體系早在 1860 年已在奈西南邊境開始發展。在拉哥斯，英國的殖民統治手法比在奈區的任何其他地方都還要直接，因為拉哥斯從 1861 年起便成為英國皇家殖民地 (Crown Colony) ——由英國皇室任聘的首長直接管理——正式成為英國領土，而奈區其他地方相對的只是英國保護的領地。英國國王對拉哥斯有直接宗主權；拉哥斯居民能享有英國國民所享有的所有權利。因此，拉哥斯的行政事務逐日受殖民長官直接掌控，而在奈其他地區則不然。拉哥斯的原住民權力階級也得以參與殖民行政事務，但程度上絕不比其他地區原住民權力階級參與的多，他們只是總督的顧問。威廉・麥克葛雷格總督 (Governor William MacGregor) 治理期間（1899～1904 年）設立了一個立法議會，以及一個由當地傳統權力階級所組成的中央原住民議會，總督麥克葛雷格自己則任總裁。這些議會的功能主要是針對傳統優羅巴族法律上關於土地所有權、婚姻習俗以及宗教儀式程序的議題給總督提供意見，但做最後決定的還是總督。這些議會在一定程度上結合傳統權力階級，是為了使總督不會因為倉促或前後不一致的決定而激怒或疏離他的拉哥斯市民。如此，拉哥斯當地的傳統權力階級仍享有一些權力（即使權力大不如前），而殖民政府也能讓市民覺得他有試著保存當地的文化。

在拉哥斯領地——即優羅巴族區所在的內地——英國的殖民行政體系就不一樣了。雖然拉哥斯皇家殖民地的首長同樣也是拉哥斯領地的最高行政長官，但英國殖民政府在此的統治權需受不

同之保護條約的條款所規範（那是 1890 年代英國政府與不同的
優羅巴族統治者所簽訂的條約）。這些條約在不同的優羅巴族區
各有不同的規條，但都對當地的統治者保證英國政府不侵犯他們
的獨立自治權，特別就他們的內政事務而言。不過英國政府特意
不定義所謂的「獨立」是何種程度的獨立，免得攪亂當地已有的
安定狀態。到了麥克葛雷格的時代，需做一些行政重組以便殖民
政府控管拉哥斯領地，他使優羅巴族區沿用他所設立的原住民議
會法令，任一區若已有原住民議會的，他便加以公認，沒有的就
加以設立。在拉哥斯領地，所有的原住民議會之總裁皆由各區最
顯貴的族長擔任。該地英國殖民長官只盡顧問的功能，而不做決
定；不過，他會指示總裁該做什麼決定才能取悅英國殖民政府
──無法達成的，就會遭殃。一個事例就是在 1901 年麥克葛雷
格將幾個族長處以罰款，並將其中一位關入監牢，因為他們處
決一個據稱行竊的人。他們的判決完全按照原住民議會的司法
程序，但麥克葛雷格認為他們裁決不公，所以殖民政府要直接
干涉。

　　英國殖民政府在奈南建立間接統治體系時，得重新建構當地
的傳統政治制度。但陸葛德在奈北領地掌政時（1900 ～ 1906 年）
只是依樣畫葫蘆的沿用索科托政權時代的行政體系，不一樣的只
是換成英國殖民政府。雖然索科托君王已被罷黜並格殺，但富蘭
尼族的酋長們以及非伊斯蘭信仰的眾族長，依然繼續管轄他們原
本的轄區，只是換上不同的名稱。之前他們的管轄權由索科托君
王授予，現在則是看英國殖民首長（即陸葛德及其後繼者）的臉

色，英國首長不高興隨時可將他們免職。之前為索科托君王監督他們的「克法」(kofa)，現在則換湯不換藥的由英國常駐公使所取代。常駐公使可直接向首長呈報，並且將首長的命令傳達給地方酋長，如英國政府所宣稱的，常駐公使只負責監督、建議，但不干預，所以奈北領地的常駐，其功能如同奈南領地的地方長官一樣。各地方的原住民統治者，按 1902 年的「原住民議會公告」(Native Courts Proclamation)，可繼續行使其裁決權；此公告准許現行的律法體系繼續原封不動的沿用，各地的酋長也繼續行使向地方人民課稅之權，並負責向英國殖民政府進貢。

英國殖民政府在奈北與奈南各自發展其間接統治制度，結果到後來各自發展成截然不同的面貌。在奈南領地，間接統治的行使大都由各地原住民統治者議會執行，但在奈北領地，不管是哪個區域，間接統治權都集中由單一個酋長掌握。奈南的殖民長官會贊助發展英歐的教育系統以及現代化的社會服務機構。比方說，殖民政府在拉哥斯設置一個醫療部門（在 1898 年此部門有十一名英歐籍醫生以及三名原住民醫生）、一所警察局、一個公共工程部門負責維修公共建築、道路，以及電路照明、電報、碼頭、公共運輸等的擴建。而奈東南部在二十世紀初期，拉爾夫‧莫爾 (Ralph Moor) 更是不遺餘力的催促殖民政府推展西式教育。

但奈北的殖民長官作法則完全相反，他們公然禁止殖民政府在公共服務設施上作任何的花費，一來是因為吝於花錢，二來是為了所謂的原住民文化的保存。在陸葛德間接統治期間，他認為現代化社會服務機構的發展，必須由原住民的行政組織花他們自

己的錢，按他們自己的條件來設置。陸葛德認為，若由殖民政府
來負責這些事項，有違雙重委權制的原則，這樣做不但會造成不
必要的殖民花費，而且是故意破壞原住民的傳統社會結構。陸葛
德及他的繼任者還以如此保存傳統文化之名，嚴格限制基督傳教
士進入奈北的伊斯蘭教區域。結果，奈北的居民不像奈南的人民
一樣能接受西式教育。1912 年殖民局決定把奈北與奈南兩領地
合併為一時，此二區的制度早已背道而馳多時。

第二節　奈南奈北二領地合併為一

　　殖民政府之所以決定將奈區南北二領地合併起來的一個表面
理由，純粹是基於經濟層面的考量。雖然陸葛德和他的繼任者很
努力的重組奈北領地的財政，其經濟在間接統治的制度下依然陷
於困境，即使到了 1914 年依然無法達到完全的資金自足。稅收
並不足以支付領地的行政費用，而此區的商業也尚未成長到足以
收利的地步。奈北領地不僅仰賴奈南每年的資金補助，而且每年
收取的英國政府撥款補助金高達三十萬英鎊左右。因此殖民局和
陸葛德都認為合併南北領地，使統治權集中於單一行政體系之
下，經濟上才能收益。南北合併一來可以簡化開銷，二來也方便
中央行政單位視情況移轉資源——如把南方的歲入按需要配置到
北方。如此也可使基礎設施以及其他的發展方案集中化，既可減
少浪費，而且最終可使南北的經濟整合。1906 年拉哥斯皇家殖
民地、拉哥斯領地，以及奈佳海岸領地合併為一個「南奈領地」

圖 16：英國在 1914 年在西非所瓜分得的區域（現今的奈及利亞）

(Protectorate of Southern Nigeria)。1906 年已從奈北領地首長之職卸任的陸葛德，1912 年又被召回監督奈北奈南二領地之合併事宜。1914 年合併的程序完成後，陸葛德成為奈區一統後的總督，直到 1919 年他卸任為止。

　　身為一統的奈及利亞領地的首任總督，陸葛德的主要目標是把行政機制中央集權化。他無法接受南北分道揚鑣的行政結構與

程序。他認為奈南一直在施行的「間接統治」太過直接，他覺得在那裡的英國殖民長官對於原住民法院及原住民議會的事務擁有過多的干涉及影響力。但奈南所設立的行政系統，事實上是為了因應奈南不同族群的不同社會結構。陸葛德無法看出這點，結果他將他在奈北設立的行政系統，強制套在奈南的行政體系上。他總是想找出最高的族長，好把威權交在他手中。結果就是：他把原來奈南該由不同族長分任的權力集中起來，交給被舉出的所謂「最高族長」手中。如此一來，他根本自相矛盾，口中高喊維護奈區傳統機制，事實上卻加以嚴重破壞，使原住民統治者與其人民之間因為殖民機制所產生的分歧，越形惡化。

　　陸葛德一步步把他所認知的「間接統治」加以系統化的實行於奈區的每個角落，這樣做的結果最明顯的差別在於歲收方式上。在奈北的間接統治下，殖民政府及原住民統治單位獲取歲入的方式是規定人民按時納稅，酋長負責收稅，然後把稅金存入原住民國庫。酋長以及他侍從的薪俸由國庫支付，所有其他公共建設經費也從國庫而來。這樣的運作系統用在北方很合適，因為那裡的人民過去已有繳稅給酋長的歷史，而酋長也有納貢給單一皇權的習慣。但在奈南，殖民歲入的收取方式及配置就很不一樣。在奈西南方，歲入的主要來源是關稅；而在奈東南，原住民法院自有其原住民的國庫系統，但其歲入主要是從法院向人民所要求的費用或罰鍰而來。這兩個區域的人民都沒有納稅的歷史，這裡的原住民統治階級也沒有收取稅金及用稅金來支付統治者薪水的傳統。

　　但陸葛德不顧奈南的原住民傳統，也不管那裡已行之有年的殖民運作方式，一味的認為在整個奈及利亞推行以納稅的方式來建立國庫，才是殖民行政體系運作的基石，才是「文明的」治理方式。他主張唯有要求人民繳稅，他們才會看出即使殖民政府存在，傳統原住民族長以及國王依然擁有權力。他還強調必須強迫國庫支付原住民統治者薪水，如此才能減少貪汙，而且也才能使原住民統治者蒙受中央殖民政府的恩澤。雖然很多奈南的殖民長官跟陸葛德報告指出，直接課稅在奈南很多地方行不通，但陸葛德還是一股腦兒的強制執行他的行政大翻修；於是貝寧於 1914年實施直接課稅、歐由 1916 年、阿比歐庫塔 1918 年、奈東南的某些地區則是 1926 年。結果奈南的傳統一點也沒受到保存，因為陸葛德所做的變動比他之前的行政首長所做的還大，因此造成奈南大幅度的政經變動。

第三節　殖民經濟

　　英國殖民統治以「文明化」奈及利亞之名，改變了奈區的傳統政治制度，同時也改變了奈及利亞的經濟。英國很理想化的相信，他們可藉由在奈區發展「現代」經濟，把「文明」帶給奈及利亞社會。英國殖民政府認為要滿足「雙重委權制」的要求，需要擴展商業基礎建設，並在整個奈及利亞推行增值貿易，俾使殖民政府所做的努力對歐洲的商販以及奈區的生產商都有利。但實際上所呈現的是：殖民經濟大大的增富英商業組織，但對於把奈

區的工商業發展成恆續之現代化經濟的理想，卻差了一大截。

　　英國在奈區發展經濟的做法有三個主要的目標：第一個目標是藉由輸出奈區生產的原物料（如經濟作物及礦產），並輸入從歐洲來的加工完成品，來擴展奈區的商業。為促進這種增值商業的發展，殖民政府大規模的改進奈區的運輸及電信建設，如建鐵路、道路、設立電報設備、港口，並擴展可通航的水路。第二個目標就是把奈區帶進以英鎊為主的交易經濟。第三個目標則是強迫奈區人民為掙取英鎊而工作。久而久之這種殖民經濟策略，導致奈區人民越來越依賴英歐公司所支配的輸出經濟；如此，奈區人民所組的企業永遠無法與英歐公司競爭，因為這種輸出經濟到頭來只是在犧牲奈區的原民生產商以增肥英商組織的利潤。

　　殖民時代的奈區北方最重要的輸出作物是花生和棉花，西南地區是可可粉，而東南部則是棕櫚樹產物。在這個時期自給性作物如樹薯、山藥、以及玉米依然相當重要。但英國政府在奈區的經濟策略是使農業生產轉向利於輸出的經濟作物，結果自給性作物的生產就受到打壓。1930 年之前的殖民期現金作物的生產成倍數型成長。比方說，1900 到 1904 年及 1925 到 1929 年間奈區每年平均的作物輸出量的增加，如下表：

年 ＼ 作物	花生	棉花	棕櫚油	棕櫚樹果
1900 ～ 1904 年	475	132	53,729	120,778
1925 ～ 1929 年	109,068	6,038	124,716	255,496

（每年／噸）

　　奈及利亞的主要輸出礦產是錫以及少量的金、銀、鉛、及鑽石。煤礦的開採始於東南部靠近伊努谷城 (Enugu) 的地方；煤礦也是英國殖民政府著力的重點，主要作為鐵路火車發動的燃煤。錫主要產於奈中部環繞包齊 (Bauchi) 的地帶及北部的糾斯高原 (Jos Plateau)。1907 年錫的輸出量只有一百二十一噸。但到了 1930 年輸出量已衝到一萬二千噸。

　　為促進這些礦產的輸出，英國殖民政府大規模建設奈及利亞的運輸設施，疏通沼澤地、挖深航行水道、建橋鋪路、興建電報線路以利溝通；其中最重要的是建鐵路以連結各重要城市。1900 年一條連接拉哥斯和以巴但的鐵路已開始營運。此鐵路幹線 1907 年連結到歐修堡 (Oshogbo)，到了 1909 年則更往北連到奈佳河岸的捷巴 (Jebba)。北方鐵路工程計劃就是把北地的主要貿易中心與奈佳河連接起來，如此一來貨物可由鐵路運到奈佳河，再改走河道到南部海岸。1902 年一條連結潤傑如 (Zungeru) 與一奈佳支流卡都納河 (River Kaduna) 的短程鐵道興建完成。1907 年一條計劃把潤傑如、匝利亞、開諾與奈佳河岸的巴魯市 (Baro) 連接起來的鐵道正式開工。1912 年 1 月 1 日拉哥斯幹線與開諾幹線連接起來，自此之後貨物可以從北方直接運往南岸的拉哥斯。

　　經濟作物的生產，不管是可可豆、花生，還是棕櫚樹產物，都是由小規模農產商所主宰。他們一直使用傳統的方法種植、採收，然後也以傳統的方式處理農產品再送往市場販售。眾多小規模農產商的存在，意味著農產商彼此間的競爭很大，導致價格低

廉。再者，經濟作物都是產於奈及利亞內地再運往海岸輸出，造成本來生存競爭大的小規模農夫得面對更多的困難，他們要不得支付運費把農產品運往海岸，不然就是把產品賣給中盤商，中盤商再把產品運往海岸，以高一些的價格賣給歐商經營的船運公司。

　　奈商之間競爭大，只會對歐商公司有利，因歐商彼此之間不用面對相同的競爭。到了 1939 年，整個奈及利亞三分之二的輸出貿易量由七家歐商公司所控制，其中最大的一家是聯合非洲公司 (United Africa Company, UAC)，其母公司優尼列瓦 (Unilever) 是英荷企業聯盟。在 1939 年聯合非洲公司主宰 40% 的奈及利亞輸出經濟，而其母公司則控制了奈區所有境外貿易的 80%。如此由少數幾家大型公司主導的局面，自然能賤價買進，高價賣出。大型歐商礦業公司也主宰礦產的煉製，1910 年代幾個像是洛普錫業公司 (Ropp Tin)、拿拉谷塔公司 (Naraguta Company) 等礦採公司專門煉製糾斯高原的錫礦，光是 1914 年就各獲取了 100% 的利潤。

　　殖民經濟的剝削，使得奈及利亞在殖民時期很少有長續性的經濟發展。二戰之前，視利如命的歐商公司和吝嗇的殖民政府都不願意在奈區做長期的發展投資。歐商公司把賺得的錢帶回歐洲，剝削奈及利亞的勞力，養肥其股東。就因為有太多奈區的資源財富被榨取以成就歐商的利潤，很少有奈及利亞人能賺得足夠的錢投資本地的發展方案。雖有少數的地方工業仍繼續蓬勃發展，像是傳統紡織業、釀酒業及鑄鐵業，但大部分奈及利亞的本

土工業產品都無法與大量生產、成本低、大量進口充斥奈區市場的歐洲商品競爭。於是奈及利亞成了這種殖民經濟的業者和勞工，而這類經濟對他們國家的長程發展所能做的貢獻少之又少。

　為什麼奈區人民願意參與這種利歐商多於利己的殖民經濟呢？其實對很多人來說，這種輸出經濟一開始利潤頗多。在有些地區，花生、棉花以及棕櫚油樹，好幾世紀以來已是奈區人民栽培自用的作物，殖民政府只需鼓勵奈農多多種植這類作物，在自用之餘，還可供輸出，於是很多農人開始把輸出經濟看成是補充收入的來源，因此非常願意配合。在 1920 年代末之前，很多奈農已能種植非自用純供輸出的作物而賺取豐厚的利潤；如二十世紀前三十年，純供輸出的可可豆種植使很多小規模奈農致富。

　殖民經濟下的其他類工作就不像上述的那麼吸引人了。外商公司和殖民政府都需要用奈區的勞工，礦業公司需要礦工，船運公司需要碼頭工人，鐵路公司需要貨物搬運工，而殖民政府則需要工人來建築鐵路、道路、港口以及公共建築——這些都是殖民經濟賴以生存的。外商公司和殖民政府都非常依賴奈區的勞動力來做這些工作，但這類工作薪資很低，而且都是粗活，不僅辛苦，有時還很危險。他們要求工人到遠方工作，但幾乎不給任何升遷或調薪的機會，因此這類工作一點也不吸引人。因此大部分奈區在殖民早期都有勞工短缺的問題，外商公司和殖民政府也都覺得很難吸引勞工前來應徵工作。

　殖民政府用幾種方法來迫使奈人做這類粗工，其中一種就是

使他們服苦役（即強迫勞役 forced labour，特別指強迫牢囚工作
而不給薪）。殖民時期苦役很普遍，在整個奈區，原住民行政單
位常被迫供應勞力，有時以此來取代課稅，而工人付出大量勞
力，所得卻少的可憐。殖民政府使用苦役來建鐵路、港口、道
路；礦業公司使用受北方原住民行政單位徵召的勞役。然而即便
如此，還是無法解決勞工短缺的問題。當然，很多原住民工人不
願意選擇這類工作，而且也抗拒這些強迫勞役的作法。即使是給
薪契約，礦工的待遇還是很差，很多礦工的薪水連應付自己的吃
穿都不夠，於是他們常逃去從軍以掙脫這種苦役或工作契約。在
奈西南地區，殖民政府怨嘆有很多苦役潛逃到可可豆種植園，因
為種可可豆報酬好，工作也較自由。

於是殖民政府必須用別的辦法來強迫奈區人民為殖民經濟工
作，其中一個辦法就是他們必須只能使用進口的英鎊作現金。要
獲取英鎊只有一個管道：當業者或當勞工來參與殖民經濟。二十
世紀早期奈及利亞通行的貨幣有很多種，最常用的是貝幣以及曼
尼拉灣銅桿幣（曼尼拉幣 Manila 是非洲奴隸販賣時代開始使用
的貨幣）；這類貨幣在奈南方特別被廣泛使用。不過金沙、酒類、
槍支以及各種外國銅幣也通行。另外，以物易物也很常見。英政
府決定精簡奈區的貨幣系統，除了穩定貨物的價格，也為了迫使
奈人民為賺取只有英國才能提供的英鎊而工作。1902 年殖民政
府禁止輸入曼尼拉幣，並以現行曼尼拉幣值來固定英鎊的價格。
1904 年貝幣也禁止輸入了。英國銅幣及紙鈔正式大量輸入通行，
且成為唯一的法定貨幣。

　　這種系統化引進使用英鎊的現金經濟，以一種潛在強迫的方式逼使奈人參與殖民經濟。任何的交易，只要是跟殖民政府或歐洲貿易公司有關的，都得以新的貨幣進行。這表示任何把貨品賣給英國的製造商賺取的是英鎊，如此便可快速增加英鎊的流通與合法性。同樣的，任何要買英國輸入品的人也得以英鎊購買。便宜的織品、酒品、火柴、煤油、煙草、書籍及藥品等輸入品變得越來越受歡迎，這類貨品在奈南越來越多，特別受到接受西式教育的奈及利亞知識分子歡迎。這種英國奢侈品的購買欲，表示越來越多的奈區人民願意做殖民政府或歐商公司的給薪工作，因為如此才能賺取英鎊來購買進口商品。尤有甚者，所有殖民政府的稅都必須以現金（英鎊）繳納。這種課稅制度使奈區人民根本不可能避免參與殖民經濟。為了繳稅好使自己及家人保持合法國民的身分，很多奈區人民都被迫參與殖民經濟的給薪工作，即使不做全職，至少也得兼差。

　　1920 年代末奈區經濟開始受到全球經濟大蕭條的衝擊。但第二次世界大戰後越來越多奈區人民國家主義意識抬頭；他們呼籲經濟改革，並要求政治上的獨立。為平息他們的不滿，殖民政府開始大幅度的變更殖民經濟的雛形，並承攬大型的現代化發展計劃。（見下章）

第四節　社會文化的發展

　　殖民主義在奈區所造成的政經結構之變革，也導致社會文化的改變。殖民經濟對勞力的需求使很多人移居都市賺取薪資，使都市化程度普遍提升。很多人移居都市做貿易，因為連接各大都市的鐵路讓他們做生意更加便利。大部分到城市的外地勞工都是從村落來的年輕人，他們到都市賺錢供養村落老家的家人。比方說，糾斯高原上不斷需要礦工的錫礦公司便吸引了大量的外地男工湧入糾斯。根據比爾·富利恩德（Bill Freund, 1944 ～ 2020 年）❶的著作提到，1914 年採礦公司大約僱用了一萬七千八百三十三名日薪礦工；到了 1920 年礦工數目增加到二萬二千九百七十六名，而到了 1928 年數目更是增加到三萬九千九百五十九名。也有很多人到都市為這些離鄉背井的年輕工人提供服務，這些人從事自由業，當工匠、理髮師、裁縫師，或到城市的大市場賣食物或其他商品。因此，奈區都市人口在殖民時期持續暴增。比方說 1901 年拉哥斯的人口大約是四萬二千人，到了 1931 年人口已成長到大約十二萬六千人。

---

❶ 比爾·富利恩德為南非的傑出歷史學家，其研究領域為非洲城市歷史，包含城市發展、經濟發展的影響，其著名論著有劍橋大學出版社出版的《非洲工人》(*The African Worker*) 及《非洲城市：歷史》(*The Afrian City: a History*) 等書。

　　為滿足殖民輸出經濟對勞工的需求，男性到外地耕種經濟作物或當勞礦工，家鄉村落的農事與經濟活動就需要靠婦女來維持。這種現象在奈南尤為常見，且嚴重影響奈區自用食物的產量，奈區的經濟發展也因此受損。在奈東南部，越來越多的婦女需擔負生產食物的責任，於是此區改以樹薯 (cassava) 為主食（之前此區主食是山藥），因為樹薯即使在貧瘠的土壤也能蓬勃生長，而且栽種也較不勞累繁重。一次世界大戰時大量男丁受徵召入伍，加上戰後流行性感冒肆虐所造成的高死亡率，也致使更多的婦女擔綱耕作樹薯的責任，於是樹薯的生產變成此區婦女的事業。

　　雖然這種現象使此區婦女必須放棄原本她們在棕櫚樹產物的經濟事業，但此轉變也給她們帶來商機：奈東南各都市在這時期快速擴張，加上男性農耕力的短缺，越來越需要進口食物，於是婦女便把自用後多餘的樹薯賣往都市。在奈西南部，都市的擴展以及可可豆市場的成長也導致食物產量減少，但此區的情況與東南部不同，因為在優羅巴族社會裡，婦女傳統上不從事農耕，只處理及烹煮食物。因此，此區的食物短缺唯一的解決辦法：廣泛的進口食物。結果，奈西南部越來越多婦女開始負責食物的進口，因為她們傳統上本來就負責處理食物。從進口食物開始，她們也逐漸涉足殖民經濟，使許多婦女成為自主的貿易商。

　　殖民統治所帶來的另一個主要文化發展，就是受西式教育的奈區人口逐漸增加。一直到十九世紀的末十年，大部分受西式教育的奈及利亞人都是「再度被捕」的奴隸以及奴隸的後代，即已

從獅子山回到奈區的人，稱為薩羅 (Saro)。克羅瑟就是其中一個薩羅。他是奈佳海口區有名的主教，在十九世紀返回奈及利亞後，成為奈南基督教會建立的重要基石（見本書第四章）。

　　一開始很多奈區的族群對基督宗教的傳播感到很矛盾，有些奈區的社群認為，基督宗教對傳統生活方式及傳統的政經制度是一種威脅。比方說，在 1880 年代以前優羅巴族區的依傑布族群全面禁止白人及基督教徒進入他們的領域，因為他們以為傳教士是大英帝國主義的代理人。歐坡堡的佳佳王也認為，基督宗教威脅到他的商業活動以及他在奈佳河三角洲的勢力範圍，因為基督宗教相信宇宙間只有一位神，而佳佳王的統治權力所奠基的傳統宗教（如歐空可 [Okonko]）及艾克匹 [Ekpe] 秘密宗教社會）屬多神信仰。佳佳王唯恐基督教在奈佳河三角洲的傳播，最終會導致海岸貿易商和他們的內地供應商之間關係的惡化（因為這兩者之間的商業關係根基於共同的信仰傳統），因此在他於 1887 年被英政府罷逐到西印度群島之前，一直強力抗阻傳教士在三角洲的傳教活動。

　　但到了十九世紀晚期，越來越多在教會學校接受西式教育的奈區人民從中受惠，一個顯著的好處就是讀寫英語的能力。隨著殖民行政的開始，以及從 1890 年代開始奠基於進出口貿易之殖民經濟的擴展，讀寫英文之能力是躍身成為中產階級的墊腳石。受西式教育的奈區人民，可以在原住民法院或原住民議會找到像辦事員之類待遇較合理的工作，或甚至可到殖民行政單位當公務員。他們也可到統領出口貿易的歐商貿易公司當辦事員或調解

人。還有人則從事服務教會的工作；通常就是回到他們受教育的教會學校當老師。1921 年的統計調查指出，奈區人民受西式教育的大約有三萬二千名，大約占總人口的 0.5%。另外有 4% 的奈區人口國小肄業。

　　西式教育大部分只在奈南實行，這是因為西式教育在奈南最為有用，另一個原因是西式教育也是基督教會負責的領域，而基督教會的活動只局限於奈南。殖民政府並沒有特別資助教會學校，大部分只讓教會自己掏腰包教導奈人識字，而識字的奈人則有機會成為殖民官僚的基層辦事員工。1921 年奈南有超過二千二百所教會學校，而且超過九成的學校都沒有殖民政府的金援。同時期在奈北只有一小部分教會學校，因陸葛德和他的繼任者以保留伊斯蘭教文化為由，限制基督教會的擴展。1913 年在奈北非伊斯蘭教學校所招收到的學生人數僅是奈南學校的 2%。

　　接受西式教育的奈人在行為思想上確實受到一定的影響；幾十年來這樣的人口構成了非洲的中產階級——繼承非洲的文化遺產，但同時也具有西式的品味與價值觀，根植非洲，但也養成外來教育所造就的生活習慣。因西式教育與基督教會息息相關，所以大部分受西式教育的奈人也變成積極虔誠的基督教徒，把十九、二十世紀的基督教價值觀融入於他們的生活習慣之中。雖然很多的奈區族群容許奴隸制度的實行，但大部分受西式教育的奈人也跟著教會提倡反奴。大部分奈區的社會族群還是實行一夫多妻制以強化家庭的生育力，但接受西式教育的奈人會選擇基督宗教所認可的一夫一妻。

　　受西式教育而得以在城市裡殖民行政單位或歐商貿易公司工作的奈人，不但薪資較為優渥，而且也比待在鄉下、較貧窮的奈人更直接接觸、更容易接受英式的文化。於是這些中產階級品味上也有了轉變，某程度而言，他們開始認同所受教育以及工作環境的文化思想。他們所得較高，購物能力自然比其他奈人還高，於是他們比其餘的奈人買進較多的進口產品，特別是西式的服裝、帽子、鞋子、書籍、收音機、汽車等奢侈品，同時他們也蓋西式洋房。擁有這些物質變成是一種身分標誌，這使受西式教育的奈人明顯有別於那些未受西式教育者。

　　即使受西式教育的奈人清楚他們在殖民統治下受惠，他們卻也有理由指責殖民政權。英國的殖民統治根植於一種意識型態，他們把所有的非洲人看成是次於歐洲人的人種，因此認為非洲人需要在英國殖民監督下逐漸受改良；這種意識型態就是雙重委權制的基礎。基於這種意識型態，歐洲雇主依個別奈人的能力給予工作的同時，也會把他們擺在隸屬的階層。比方說，陸葛德就非常看不起受西式教育的奈人；他認為教會學校的教育使奈人變得自視清高、容易不滿浮躁、不願受管轄控制。所以他認為受西式教育的奈人不僅對英國的殖民統治是一種威脅，對奈區的傳統文化行為模式也是。在陸葛德看來，理想的奈人就是受足夠的教育，對殖民系統的運作有用，但不至於認為自己可以與歐人相比擬的奈人。這也就是為什麼在殖民政府部門及歐商公司之中的底層辦事員全都是由奈人擔任，而且他們升遷的機會幾乎等於零。

　　儘管如此，這些受西式教育的中產階級奈人視他們自己在社會上的角色為文化居間人，而且非常看重這樣的社會功能。他們認為自己能享有較高級的物資及較高的社會地位，全是基督教會教育帶給他們的文明化影響力。他們自認為是傳統舊文化與現代化生活方式之間的橋梁，於是向他們的族人提倡反販奴、商業貿易、及基督宗教的價值觀。但同時，英歐人士不斷強調他們的非洲本性，歐人把非洲本性等同於是缺陷、野蠻、腐敗。還好，一般來說，受西式教育的奈人拒絕如此看待自己的根；相反的，他們還把這樣的非洲本質當成是值得驕傲的徽章。所以，他們一方面向其他奈人鼓吹受歐人文明化的好處，同時也向他們族人以及英國殖民政權強調非洲傳統社會的價值。他們這不僅是展現對自己的根感到驕傲，同時也表示奈人有能力走向進步與現代化。他們要向族人及英國人證明：所謂的文明化不表示要放棄固有的文化傳承，也不意味要一味模仿外來的生活方式。

　　受西式教育的中產階級奈人很努力的要把「傳統」與「現代化」融合成一種新的自我認同意識，以向族人及英人宣示這兩者彼此之間並不互相排斥。他們相信西式教育及基督教價值的好處，同時也熱擁傳統非洲文化。他們愛非洲的傳統穿戴，同時也樂於接受西式服飾。他們併用受洗的英文聖名及傳統部族的名字；他們提倡學校教學及日常用語應以英文為主之外，也教導學生認識並使用個別的族語；另外，也強調學校在教導學生認識歐洲歷史之外，也要熟悉非洲的歷史。二十世紀早期一所所由非洲人帶領的教會紛紛成立，吸引眾多會眾。這些本土化的教會在文

化及教理上大有別於西式的教會，它們雖宣講基督宗教的價值觀，但也加以改編以使之適用於奈區族群的文化特質，特別還把傳統的舞蹈、鼓擊、歌唱、群體受洗，以及一夫多妻制等本土的元素注入於其中。比起歐人帶領的教會，這些本土的教會有較貼近奈區族群文化的制度，它們較能理解會眾所遭遇的問題，因此也較能提出解決之道。

　　值得注意的是，受西式教育的奈區菁英分子不僅很努力的把自己的身分認同與英國文化分別開來——畢竟英國也不把他們等同視之——而且也勇於直接抗議批評殖民政權，因殖民政府不但限制他們參政，而且也壓制傳統的原住民統治階級。十九世紀晚期出現了一家奈人經營的獨立報社，而且迅速成為奈區知識分子批評殖民政府及提出要求的管道。在 1880 到 1937 年間，奈南出現的報社超過五十家，大部分都以拉哥斯為基地，因大部分的知識分子都集中在此。但從 1920 年起，奈西南及東南的市區也開始設立一家家的報社。這些報紙都以雙語印製：英語及原住民的族語。

　　奈區殖民前期最有名的報紙發行人是克羅瑟主教的孫子賀伯特·麥考雷 (Herbert Macaulay)。主攻土木工程的麥考雷對殖民統治在奈區的土木工程計劃深感失望之餘，決心換跑道而成為拉哥斯的重要記者。他所發行的報紙像是《拉哥斯日報》(*Lagos*

圖 17：賀伯特·麥考雷

Daily News) ──揭發殖民政權之弊,因此為他贏得「奈及利亞國家主義之父」的名號。透過報紙知識分子直接對殖民政府發聲,促請政府改革、批評對奈區人民產生負面影響的政策,竭力要求奈區人民更多參與自己政府的機會。他們也透過報紙與其他的奈區知識分子對話,使奈人建立一個了解時下議題的社群,從而組成論壇空間使成員得以發表關心與意見。報紙也對不識字的大眾發言,他們或因著人的傳講,或透過公共讀報而得知殖民政府的作為如何影響他們的生活。知識分子也藉著報紙傳播非洲人的驕傲、天分與才華,積極反對殖民政府所散布的種族偏見。就這樣報紙成了奈區殖民早期人民和平抗議的管道,久而久之也催化了奈區人民的國家意識。

除了受西式教育的奈人之外,奈區的工農階級對於殖民統治所帶來的政經及社會結構之轉變也感到挫折與不滿。特別在奈南,間接統治已使傳統的原住民統治階級與其人民之間的關係變得疏離。在以前,國王與族長會以謀求人民福祉的方式來治理人民,並以此和諧的關係來鞏固維持自身的威權;但殖民統治之下,傳統的權力階級變成得取悅英國殖民政府來維持自身的威權。殖民政府為經濟利益而來,藉由採取殖民經濟獲取利益最大化。殖民經濟:一、強迫人民得為錢而工作(以前是為了生產糧食而工作);二、定時不斷的徵用勞力;三、侵犯了性別之間以及代與代之間原本和諧固定的關係(為應付經濟作物之增產、糧食作物減產,以及進出口市場的擴展,傳統的經濟生產角色功能已變模糊)。

　　然而最令奈南平民百姓氣憤的，莫過於殖民統治下所強制執行的新式徵稅系統。二十世紀的前三十年反稅抗爭變成奈南反殖民統治的普遍形式。早在 1908 年拉哥斯民眾為反抗繳納自來水費就發動過大型的抗爭。殖民政府為使拉哥斯市民不再依賴井水及雨水，強迫人民接受新式的供水措施。殖民政府這種做法不僅受當地族長的反對，報界名人麥考雷更是看不下去；那時麥考雷已透過他發行的報紙成為反殖民主義的主要發聲人。那次的抗爭大部分的參與者都是普羅大眾，這不僅表示奈區人民對殖民政策的新稅制普遍不滿，也表示貧窮的奈區勞工也有能力發表意見。

　　其他奈南區域由於反對新稅制而發起的大型抗爭，大多發生於 1914 年起奈北奈南領地合併之後，直接徵稅制由奈北延展到奈南的時期。因實行間接統治，殖民政府賦予傳統原住民統治階級直接向人民徵稅的權力，問題是在奈南傳統上統治階級並沒有片面向人民課稅或收稅的權力（因為原本凡事都需要統治階級和人民代表開會討論再做出決定）。在阿比歐庫塔原住民統治階級在執行收稅這種新權力時就遇到很多阻力，結果他們離譜到得強行在眾目睽睽之下把不配合的女士脫光衣服，以檢查她們是否已到達繳稅年齡。如此行徑只會使艾巴族民厭惡他們的傳統統治階級（而在殖民統治之前，由於實行代表民主制，統治者與人民之間自然較為和諧），結果導致暴動頻仍：搗毀電報和鐵路線以抗議殖民政權。

　　1926 年直接徵稅制也來到奈東南部，而且同樣引起人民強烈反抗。如前所述，在奈西南部的阿比歐庫塔女人同男人一樣要

繳人頭稅，但在奈東南部一開始只有男人需繳稅。1926 年此區做了一項人口普查以決定繳稅人的條件，普查完之後便立刻執行課稅。到了 1928 年歐維瑞省 (Owerri) 的一位助理區長命令地方的委任族長執行另一個普查。這裡的婦女害怕普查意味著婦女緊接著需要繳稅，但這時期這裡的婦女已經承受擔負家計以及支付男人繳稅的重擔，於是此區婦女便舉行大型的全省示威抗議。在伊博族他們把此舉名為「婦女之戰」(Women's War)，但殖民政府卻把它貶為「阿巴暴動」(Aba Riots)。1929 年 11、12 月，奈東南部從歐維瑞省到卡拉巴省的婦女掠奪工廠、摧毀原住民法院的建築與財物，連與原住民法院相關人士的家她們也不放過。到了 12 月末殖民政府的部隊將此區重整歸序後，也將五十五名婦女處死。整個婦女之戰的抗爭從組織到執行，幾乎全部由婦女一手包辦，而她們根本沒受過西式教育，由此可見一般奈民對於殖民政權及其傀儡間接統治者感到多麼灰心氣憤。

　　上述這些反殖民統治的抗爭都沒能完全達成抗爭的目標。如抗稅的行動並沒能使殖民政府廢除徵稅制，但「婦女之戰」這個對徵人頭稅的廣泛行動，終至促使官方提出一份報告，正式譴責「委任族長」制的不合法及不合理。於是在 1931～1932 年期間殖民政府贊助一項人類學研究，此研究造就了奈南行政系統的重整。到了 1935 年奈南出現許多不同的原住民行政體系，大多奠基於宗族或村落的議會。這樣的行政作業系統終於比較合乎原來傳統的政治模式，如此便可一掃委任族長制的弊病。而在拉哥斯，中產階級知識分子的批評以及平民階級的動員抗爭，

造成奈南政治結構的小變動。1922 年殖民政府設立一新法規，創立了一個四十六席次的立法院：二十七席官方，十九席非官方。十九名非官方席次當中必須有三名從拉哥斯及一名從卡拉巴選出的成年男士。這是英國在奈及利亞殖民地區首次在立法院任用推舉出來的非洲籍代表之例。

第六章 │ *Chapter 6*

從民族主義運動到獨立建國（1929 ～ 1960 年）

第一節　泛奈國家認同感的發展

　　1930 年代之前，奈區人民並不自視為「奈及利亞人」。那時期受西式教育的民族主義知識分子認為，英國在柏林會議所劃分的奈區疆界，不僅專橫武斷而且不合理，就如同持種族歧視的英國殖民政府，無視非洲人的才能，貶他們做粗工，或做殖民政府官僚體系中或英歐公司裡那些低階、沒有未來展望性的工作那樣不合理。奈區知識分子在這時期的民族主義是為了鼓動種族意識，為了把原來根植於非洲的有色人種與後來殖民非洲的歐洲白人統治階級分別開來。1930 年代之前大部分受西式教育的非洲人都還記得非洲人本來自有的統治者，也還記得殖民政府侵入非

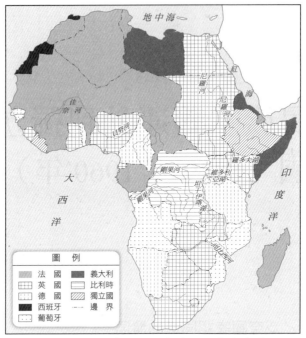

圖 18：1910 年代列強在非洲的勢力擴張

洲之前，非洲原來固有的政治社會架構。那些在英國留學的奈
區學子與其他同樣來自英屬非洲國家（特別是黃金海岸〔今迦
納〕和獅子山）的學子，自然形成近族的親和關係。他們聯合
起來主張「西非族」的身分認同。1920 年西非民族主義者在黃
金海岸設立英屬西非民族總會 (National Congress of British West
Africa)。1925 年奈及利亞人拉迪波・索蘭克 (Ladipo Solanke) 在
英國建立西非學生聯盟 (West African Students' Union)。這兩個組
織的主要目標就是要促進英屬西非族人的團結關係，以聯合起來
對抗英歐人士對有色人種的歧視，俾使非洲人也能在殖民地或英

國社會獲取與其天分才能相當的利益。

不過民族主義的思潮在 1930 年代之前即已存在。在此之前，受西式教育的奈區知識分子就已鼓吹奈人自己治理奈人的權力。賀伯特‧麥考雷透過他發行的報紙所發表的言論，還有 1920 年代拉哥斯及奈區其他地方所組織的抗爭，都一再表示奈人對外邦統治的反彈，也指出他們相信奈人有能力治理自己。上述的這些言論及行動終於促成 1923 年《克里弗憲法》(*Clifford Constitution*) 的制定，此憲法允許奈人自己選出的代表在當時新組成的立法議會中占有一定的席次。

到了 1930 年代，新一代受西式教育的學生已完成學業，這一代學生在很多方面有別於上一代學生。這一代學生大部分生於英國殖民統治進駐奈區之後，他們對自己的地方的認識，僅止於英國殖民統治所劃定的疆界。上一代受西式教育的奈人最主要來自海岸地區，而海岸地區英國的影響力已存在好幾十年；新一代學生有很多來自內地，而英國勢力進入內地不過是近幾年的事。因此，比起上一代學生，新一代學生更有可能是他們家族中第一個接受西方教育、說寫英文、甚至到非洲以外先進國家留學的人。上一代學生清一色到英國留學，但自 1930 年代起，越來越多的奈區學生到美國的黑人大學拿取學位。

新一代受西式教育的奈人和上一代一樣，也是到殖民政府單位或英歐公司當辦事員，或當老師、牧師或低階公務員。而他們也接續上一代所組織的力量，持續發表對殖民政權的不滿。不過這新一代學生開始著手一種「自助」的社會運動，這是一種在都

市中心所組織的族屬聯盟。這些聯盟的成員屬於同一宗族，不然就是來自相同的村落，因此這種社會運動不算是「國家主義」運動。不過這些聯盟的兩大功能還是助長了後來的國家主義運動，族屬聯盟的第一個功能是為從村落來到都市工作的人提供協助，幫助他們在新環境中安定下來，並使他們透過族屬聯盟而得以參與居住當地的政治活動。族屬聯盟的第二個功能是為城鄉之間建立連結，聯盟把資源組織起來，以資助成員所屬之村落的社會發展。

聯盟其第二個功能成效最顯著的是教育方面。聯盟會贊助村落設立中小學校，並發放獎助學金送學生到海外留學。這些作法都直接助長國家主義的發展，因為很多奈及利亞戰後的統治階級所受的大學教育，幾乎都是由他們居住當地的族屬聯盟所資助。這些聯盟的領導階級幾乎都是由受西式教育的奈人所組成，不過聯盟的成員則是由奈區社會的各階層所構成：下至農工階級，上至傳統的族長、國王等統治階級；也就是說，族屬聯盟這種自助的組織團體能把不同背景的人集合起來，為社會的發展，為族群的團結等共同目標而努力。

如上述的自助組織到了 1920 年代末也以其他的形式劇增。工會聯盟早在 1912 年就開始發展；那一年奈南公務員聯盟 (Southern Nigeria Civil Service Union) 設立。1914 年奈區南北領地合併之後，此組織更名為奈及利亞公務員聯盟 (Nigerian Civil Servants' Union)。1931 年奈及利亞教師工會 (Nigerian Union of Teachers) 設立，此組織迅速變成奈國最大的工會聯盟。到了

1946 年奈國已註冊的工會聯盟組織達一百二十一個，全部成員超過五萬二千名。這些聯盟藉著團結合作的行動，才得以有效督促殖民政府仲裁勞資之間的糾紛。它們給殖民政府施壓最普遍採取的作法就是罷工。比方說，1921 年鐵路工人技工聯盟的一次罷工行動成功阻止資方的減薪計劃；1929 年烏迪 (Udi) 的煤礦工人也是藉由一次成功的罷工行動使資方無法違法降薪。

　　婦女也是「自助」運動的積極分子。1936 年設立的拉哥斯婦女聯盟 (Lagos Women's League) 目的是要幫助婦女爭取殖民行政單位的公務職位。這時期婦女運動的翹楚是蘭索美－庫提 (Olufunmilayo Ransome-Kuti)，她在 1944 年組織阿比歐庫塔女士會 (Abeokuta Ladies' Club)。這個原本為慈善公益的組織，迅速成長為成熟的政治機構：它直接與殖民政府及其間接統治代表──阿比歐庫塔的阿拉客 (Alake) ──對抗，為減輕殖民政權強加在婦女身上的苦頭。在蘭索美－庫提的帶領下，這個於 1946 年改名為阿比歐庫塔婦女聯盟 (Abeokuta Women's Union, AWU) 的組織迫使殖民政府及其阿拉客做出許多的讓步，像是廢除統一稅，並於阿比歐庫塔的行政單位設置婦女代表。蘭索美－庫提更於 1949 年擴展組織範圍，設立了奈及利亞婦女聯盟 (Nigerian Women's Union)，此組織於 1950 年代期間成為國家主義運動的一股重要力量。

圖 19：蘭索美－庫提

　　到了 1930 年代末，新一代受西式教育的知識分子已成為反殖民統治的領導階級，而且也已展開全面的、泛奈及利亞的國家主義運動。在奈及利亞，國家主義者的活動核心，就是殖民政府的中心——拉哥斯，而拉哥斯也是大部分受西式教育之奈人的集中所在地。拉哥斯是麥考雷及其追隨者從事社會運動的中心，而麥考雷的社會運動，造就了 1923 年奈及利亞第一部憲法的設立，也使立法議會首次由民選的成員所構成。從那時起，麥考雷和他的奈及利亞國家民主黨 (Nigerian National Democratic Party) 主導拉哥斯的政治氣氛。然而到了 1934 年拉哥斯青年運動黨 (Lagos Youth Movement) 崛起，挑戰麥考雷的政黨。這個由伊可利 (Ernest Ikoli)、阿金山亞 (Samuel Akinsanya)、弗翰博士 (Dr. J. C. Vaughan)，以及大衛斯 (H. O. Davis) 所組織創立的拉哥斯青年運動黨，原來的目標只是訴求高等教育的改善，但短短四年的時間，這個青年運動變成奈及利亞最強大的國家主義組織。1936 年此黨改名為奈及利亞青年運動黨 (Nigeria Youth Movement, NYM)，以闡明它組織全奈國之力量的目標。奈青黨的候選人很快的贏得拉哥斯市議會的選舉。1938 年奈青黨在立法議會選戰中打敗麥考雷的政黨，躍身成為奈區政壇上新時代的新秀。

　　1938 年到 1941 年期間奈青黨成了奈區史上第一個帶動泛奈國家主義運動的政黨。之所以稱為「泛奈」，是因為此黨的目標是要打破奈境內的種族藩籬，以創立一個共同一致的發言權來對抗殖民政府。而之所以是國家主義，是因奈青黨推動行政機關大部分應由奈民構成，呼籲奈民應享有較優的薪資待遇與工作環

境，並且響應政府部門理應有更多奈民推舉出來的奈民代表；
他們的理想是：奈及利亞應為奈民而存在，應受奈民掌理並享
有。奈青黨的目標與活動受到整個奈及利亞人民的歡迎。到了
1938年此黨的運動範圍已超出拉哥斯以外：在奈西南的以巴但、
依傑布－歐迪 (Ijebu-Ode)、瓦瑞 (Warri)、貝寧市；奈東南的阿巴、
伊努谷、哈科特港 (Port Harcourt)、卡拉巴；奈北的糾斯、卡都
納、匝利亞、開諾等，都有其分部，其成員超過一萬人。奈青黨
所設立的報紙──《日業報》(*The Daily Service*) ──廣受無數
奈民所閱讀。

　　上述這些1930年代奈人所組織的團體，崛起的時機與氛
圍，正值1920年代末至二次大戰期間的世界經濟大蕭條期。在
1930年代末奈區國家主義分子及工會組織的活動開始給殖民政
策帶來衝擊，1939年第二次世界大戰的爆發，給奈及利亞的政
治經濟帶來更大範圍的變動，這對國家主義分子的長期目標反而
有利。戰爭促使英國殖民政府採取很多措施來控制奈區的經濟，
並發展基礎建設及社會服務，目的是為了匯集奈及利亞的資源以
增強英國的戰力。這些措施有些對奈民造成傷害，如殖民政府規
定：只有在大英帝國境內購得的商品才能輸入奈地，如此大大降
低奈民的貿易所得。同時殖民政府還設立控制機制，使奈區輸出
品的價格低於國際市場的價格，如此歐商公司可以繼續運作、繼
續向奈區購買有助於戰場的農產品。但如此一來奈及利亞勞工等
於是遭受進一步剝削，這迫使很多奈區農場工人陷入極度的貧
窮。戰爭對奈區的另一個負面影響就是：成千上萬的奈區男丁被

徵募為士兵到國外打仗。這表示很多家庭因為一場跟他們沒有什麼利害關係的戰爭而失去所愛，同時也表示奈區很多地方的勞力供給越形短缺，造成基本糧食生產大大的降低；結果就是主食（像是山藥及樹薯）的價格大幅度攀升。

　　雖然英國殖民政府的戰時經濟政策使奈民更加苦不堪言，但在其他方面，戰時的殖民政策也開始積極發展從 1914 年奈南北領地合併以來一直缺乏的建設。為促進戰時的經濟，輸送軍隊、糧食、物資以補給戰力，殖民政府在基礎建設上放入更多投資，興建更多的港口、鐵路及機場，建立軍醫院治療從大英帝國各地送來的傷兵——運輸船繁忙的來往於奈區港口與戰區之間。英國不止徵募奈民為士兵，為戰爭前後的需要，英國也徵召大批奈民當技術人員、電工、護士、木匠及辦事員。於是，殖民政府設置訓練中心幫助奈民學習這些技能，他們習得之後便受僱應付戰時的需要。戰後這些人員有很多繼續發展這些技能，為自己建立新事業——若非戰爭之需要而獲得這些技能，這些奈民恐怕一輩子都無法換跑道。

　　殖民政府的戰時政策進一步滋長了奈民的國家主義思潮與衝力，上述嚴重剝削奈區各地農業生產者的殖民經濟政策，使奈民更進一步發現結束殖民政權以行自治是必要的。不止奈區各地的工人難以維持生計，就連那些為大英帝國打仗後回到奈區的人，也很難找到工作。這種情況使很多退伍士兵選擇加入國家主義分子的行列；這讓更多的奈民看見，殖民政權只是在利用奈民，而沒有幫助奈民。另外，殖民政府為應付戰時之需在奈區投資的發

展建設，使很多奈民了解到一個政府所該扮演的角色。嘗過政府贊助的社會服務之好處後，奈民想爭取更多，於是各地的奈民紛紛加入國家主義分子的行列，散播發展方案。再者，殖民政府戰時的措施讓很多奈民看見，奈人自有政府絕對可以成為國家的轉捩，奈人可以獨立控制經濟並促進發展。現在國家主義者要達到的目標就是：奈國的理想政府必須如此的持續為奈民，（而不是為英歐人士）發展國家建設。

　　戰時的殖民經濟政策帶來戰後的經濟困頓，奈民的生活開銷不合理的劇增，但政府部門員工的津貼並沒有隨著生活費的攀升而增加。到了 1945 年各階層的勞方抱怨生活費已上升 200%，但薪資從 1942 年以來就沒有調升過。結果非洲行政機關技術員工工會 (the African Civil Service Technical Workers' Union) 在 1945 年訴求調升薪資 50%，但殖民政府不予理會。於是，十七個總成員、三萬人次的工會組織了一次三十七天的總罷工：鐵路、郵政及電報服務全部停擺，連政府部門的技術工人也加入罷工。直到殖民政府對工會領袖保證調整薪資，罷工才停止。

　　那次的總罷工，標示了國家主義分子呼籲的奈民團結自治的目標升起了一股新力量。支持那次罷工行動的，除了有奈民的示威遊行之外，還有一名年輕的新聞記者，阿齊可威 (Nnamdi Azikiwe) 以及他所組織的新政黨奈及利亞及喀麥隆人國家議會 (the National Council of Nigeria and Cameroons, NCNC)。出生於 1904 年的阿齊可威是 1930 年代崛起之國家主義分子中，最具影響力的人物。身為公務員之子，阿齊可威屬伊博族，但他在奈及

利亞很多不同的城市長大。這些經驗使他自然變得見多識廣、四
海為家，並且造就了他日後超越種族藩籬的國家主義觀。接受
完奈區教會學校的教育後，他於 1925 年前往美國留學，拿到林
肯大學及賓州大學學位。1934 年前往黃金海岸並且成為當地報
社的記者。1937 年阿卡拉 (Accra) 的殖民政府以叛亂的罪名控告
他。同年他回到奈及利亞，不久便創立了他自己的報社《西非領
航報》(*The West African Pilot*)，而且很快就晉升為奈青黨的領導
階級。到二次大戰爆發時，阿齊可威的著作及領導特質已使他成
為奈國最受敬重的國家主義領袖。

　　1941 年立法議會出現一空缺，對於誰有資格填補這空缺，
阿齊可威與伊可利產生歧見。阿齊可威擁護的候選人阿金山亞
（屬依傑布的優羅巴族人）落選。他覺得那次的選舉是種族間的
糾紛造成的結果，於是毅然離開奈青黨。他一走，奈青黨一大群
的伊博族人和依傑布優羅巴族人也隨他而去。他這一走，也標示
著奈青黨已開始解散。1944 年他成立了 NCNC 黨，此黨迅速成
為奈及利亞最顯著的國家主義組織。NCNC 黨和奈青黨一樣，
都急欲培養泛奈及利亞國家認同感，並鞏固奈人自治的信念。不
過，嚴格說來，NCNC 不算是一個政黨，而比較像是由許多不同
族群與社會聯盟所組成的集合體，旗下的擁護者遍布整個奈及利
亞，不過它最強大的支持還是來自奈南，而它活動的中心也還是
拉哥斯。雖然如此，NCNC 儼然已成為大部分奈人所想所望的代
言者。

　　阿齊可威及他的 NCNC 黨對總罷工堅定無畏的支持，使大

眾快速認同這個組織的合法性，而且大加讚譽；人們還因此給他
「偉人齊可」(Great Zik) 的稱號——他成了奈及利亞國家主義的
形象代表。為了更進一步博取大眾對他的支持，他在 1945 年宣
稱殖民政府陰謀暗殺他，如此，他成功燃起人民對他及 NCNC
黨的愛戴，同時也進一步點燃民眾對殖民政府的怒火。1946 年
他成功組織了一派支持 NCNC 的軍力，稱為齊可派，其組織的
宗旨，是要無所不用其極的去除殖民政權。為達此目標，齊可派
借用左派意識型態，並主張奈及利亞需成為一個自治的社會主義
國家。在齊可派遭解散之前，其組織運動一直是激進左派的先
鋒。但 1950 年他們暗殺殖民政府秘書的計劃失敗，NCNC 因此
遭取締而不復存在。

第二節　發展計劃、憲法改革、區域主義

　　為因應二次大戰後奈民有組織的國家主義運動之要求，殖民
政府開始著手發展方案，並逐步進行奈區的內部自治。殖民政府
答應國家主義分子一些較適度的要求，主要是為了防止左派國家
主義思潮可能帶來的軍事動亂。另外，1945～1951 年間大英帝
國由克雷蒙・艾特理 (Clement Attlee) 所領導的新工黨所主控的
國會，對國家主義分子的呼求也比之前的執政黨更能給予同情與
支持。加上當時大英帝國最大也最有價值的殖民地印度，即將邁
入獨立的事實，也促使英政府官員願意支持奈區的發展計劃及最
終的自治獨立。

　　發展計劃的經費除了從英國政府撥出之外,奈區之國庫收入也開始用來擴展社會服務、基礎建設及奈區當地的工業。1945年殖民政府推行奈區發展的十年計劃方案。此方案為通訊基礎建設帶來一億一千三百萬英鎊的發展經費;另外,為研發改良農耕方法以挽救蕭條的經濟,則有四千兩百萬英鎊的專款。不過這個十年發展方案與之前殖民政策最大的區別,在於為發展社會服務的大量公益支出:七千七百萬英鎊擴展教育設施之經費。於是,奈區各地中小學的數目成等比增加。

　　這個關於教育機構的發展計劃一個最顯著的成效,就是1948年於以巴但設立的大學學院,是為倫敦大學的推廣部。這是首次奈民得以在自己國家接受大學的正規預備教育,在以巴但學院修得學分的學生便有資格到倫敦大學參加考試,通過後可領取大學學歷證明。以巴但大學要到1962年才成為獨立的大學。

　　這十年的發展計劃,也為醫療保健服務的拓展撥出一億四百萬英鎊的專款,於是,醫院、可動式藥房、一般藥房等的數目開始增加,並且也改善醫療設施、器材及醫療人員的訓練,以加強奈民的醫療水準。痲瘋病及瘧疾的醫療設施得以設立、天花疫苗注射得以推廣;另外,一些流行或常見的疾病(如熱帶莓疹、疥瘡及錐蟲病)的治療也得以拓展。此計劃也撥出八百萬英鎊來改善奈國的供水設施。

　　這個把重點放在拓展社會服務的十年發展計劃,確實是殖民政策一個為利民而做的變革,只是進步的速度緩慢。雖然一筆筆巨額款項為發展措施而撥出,但此計劃卻沒有指明該如何確切的

發放經費，對於發展方案的進行也沒有提供嚴格的監督，結果一大部分的經費並沒有被付諸使用。另外，此計劃的範疇並不足以應付廣泛奈民的需要。另一個阻礙此計劃之發展速度的因素是，此計劃對奈區的工業發展並沒有著力。雖然此計劃名義上說要研發並投資奈民的傳統工藝，但實際上主要的力氣卻放在擴展農業經濟，以配合長期的殖民經濟政策。為控制農業經濟，殖民政府還為各種輸出作物（如可可豆、花生及棕櫚果）設置營銷委員會。此委員會能全權定訂商品的價格，他們在每個收穫季的開始就定下價格，而且所訂的價格總是低於國際價格，這樣英歐的公司才能持續獲益。不過這做法也還是能穩定生產者的收入，因所有的買商都必須按此標準價格付款。只是，這樣雖能避免糾紛，但難以改善奈區生產者的生活狀況。

然而，二次大戰後奈區的經濟已開始從長期蕭條中恢復過來。奈區經濟一直受到出口產品價格的影響。1946年出口產品價值達二億三千七百萬英鎊；到了1955年，輸出品總價值已上升到十二億九千八百萬英鎊。不過，此時期的經濟復甦跟殖民政府的發展方案較沒關係，而是受全球經濟的整體改善帶動起來的。而經濟有改善，便較難鼓動暴力激進的左派國家主義運動。

1940到1950年代之間的發展方案，只是稍微的幫助奈區在經濟上達到自足與獨立，而治理行政方面的變革，則促使奈民更進一步邁向政治獨立。從1946年第一次憲法改革制定成法律到1960年奈及利亞獨立，殖民政府一直與受西式教育的溫和派國家主義領導階級合作，以發展逐步自治的系統。從1945年

開始，殖民政府便逐步使行政機關的資深階層奈民化。1939 年
行政資深人員中，奈民只占二十三名；到 1947 年人數上升到
一百八十二名；1953 年是七百八十六名；到了 1960 年已超過
二千六百名。做資深行政人員的奈民很多都是國家主義分子。殖
民政府這麼做，其實只為安撫奈民，以免國家主義運動發展過
快，不過這樣的過程，也使得奈民對殖民行政的日常運作，得到
更多的控制權。

　　在行政機關資深階層奈民化使奈民掌有更多行政權力的
同時，憲法改革也給予奈民更多的立法權力。1945 到 1954 年
間奈及利亞經歷三部憲法，每一次的憲改都把奈區往完全自
治的目標帶進一步。第一部憲法名為《理查憲法》（*Richards
Constitution*，因當時的殖民首長是亞瑟·理查爵士 Sir Arthur
Richards），於 1947 年正式實施。這部憲法修訂 1922 年根據《克
里弗憲法》所創立的立法議會，首次允許非官方身分的奈民在立
法議會占過半席次。此憲法也首次把奈北區域包含於中央立法機
關之內，進一步促進奈及利亞一統的局面。不過，此憲法同時也
加重各區域的個別認同性，於是，三個現行的行政區域——奈
西、奈東、奈北——各創立其個別的眾議院。可以說，《理查憲
法》是奈及利亞變成聯邦國家組織的第一步：一個統一的中央立
法機構，加上個別的、不同區域的立法組織。

　　雖然《理查憲法》的修訂是要讓奈民在自己國家的行政組織
中擁有更多的發言權，但卻受到各方的嚴重責罵，特別是阿齊可
威、他的 NCNC 黨，以及其他的國家主義團體。他們對此憲法

不滿的原因：第一，理查及他的官僚完全沒有詢問國家主義領導階層的意見，逕自制憲並把此憲法強加執行。國家主義者的論點是，假如理查在草擬此憲法之前有問過他們的想法，或許就可避免此憲法的一些問題；問題之一是：雖然立法議會允許奈民官員占過半席次，然而要用什麼方法選出這些官員，憲法完全沒有言明。第二，拉哥斯和卡拉巴依然是僅有的由奈人自己選出立法議員的兩個轄區，其他轄區的立法議員還是由殖民政府或原住民行政單位聘任。國家主義分子認為這樣無法走向自治，因為原住民行政單位的傳統當局者與殖民系統可以說是互為掛鉤的一丘之貉，因此他們所選出的立法議員大多僅代表殖民當局的利益，而不會為廣大奈民著想。

　　關於三個不同區域設個別之眾議院的議題，國家主義分子之間看法參雜不一。從一方面來說，區域立法機構的設立有點像是從一統奈及利亞的理想後退一大步。但從另一方面來看，幾乎所有人都看得出，從地理層面、政治層面、經濟層面以及文化層面來考量，奈及利亞可以說是一個極為多元分化的地方，若只有一個單一的中央政權，絕對不可能長期滿足眾奈民的需要。就連齊可自己對於這個議題也是搖擺不定。一開始他反對區域眾議院的設立，認為中央並沒有給予區域的立法機關實權。不久，他全面抨擊區域主義，認為各區分立有害於奈及利亞的統一及真正國家意識的發展。但到了1950年代早期，他又再度接受各區分設個別立法機構的做法，不過這時他主張三個眾議院不夠，提出要把現行的三個區域再細分為八個區域，認為如此才能照顧到居住在

各區之少數民族❶的需要。但齊可及他的 NCNC 黨一直強調中央政府一定要比各區眾議院擁有更多的權力，如此才足以確保奈國一統之局。

其他的團體或黨派則多贊同各區分設眾議院的做法。北部的國家主義分子特別著重鞏固各區分立的局面，自從《理查憲法》把北部納入中央立法議會之後，北部的國家主義者唯恐他們的政治命運將與他們南方的鄰居緊密相連，但北部的發展情況一直和南方很不一樣。就受西式教育的人口數目而言，北部一直遠遠落在後頭。就文化層面而言，北部的人口絕大多數是穆斯林，但南方的基督教人口則不斷增加。北方人害怕，奈及利亞若只有中央政權，北方最終在政治及文化上恐受南方控制。就因為北方接受西式教育的人太少，北部的立法院中，能掌控席次的合格北方人就不足；就連北方行政機關中的辦事人員也沒有足夠的北方人（在殖民期，北方的辦公人員大多是移居到北部的南方人）。北方的保守派人士擔心，若中央立法院由南方人執掌，則恐怕北方人最終再也不得以伊斯蘭律法治理北部。因此，北方的政治運動人士幾乎一致主張區域的立法權一定要大過中央。

到了 1940 年代，整個奈及利亞各族群的聯盟組織開始形成，並且涉入政治活動。雖然鼓吹泛奈國家認同的 NCNC 黨已成為

---

❶ 奈國原來的三個區域：北部以豪薩族／富蘭尼族為主，西部是優羅巴族，東部則是伊博族。此三族是奈國的三大族群。但各區各住有較小的民族；事實上，奈國境內的民族多達一百二十五個以上。

主導國家主義運動的組織，但同時不同民族的聯盟組織也紛紛崛起，之前提及這類族屬聯盟已在都市地區發展一些時候了。而奈青黨這個在1930年代晚期興起、第一個奈及利亞國家主義組織，於1941年在齊可及其追隨者（發現黨內不同族群間的惡性競爭）退黨後近乎瓦解。然而之後好幾年奈青黨仍持續運作（雖已縮小格局），由一名優羅巴族可可豆富農歐巴非密・阿沃羅沃(Obafemi Awolowo)所領導。在阿沃羅沃帶領下，奈青黨變成以優羅巴族為主的組織，持續運動至1944年阿沃羅沃前往倫敦攻讀法律為止。阿沃羅沃是優羅巴民族主義運動的主要倡導人，他把主力放在贏取優羅巴族人支持他的領導權，以控制奈西部區域的政治局勢。1945年阿沃羅沃在倫敦創立了一個民族性組織，名為伊貝・歐莫・歐杜杜瓦（Egbe Omo Oduduwa，意思是歐杜杜瓦後裔協會，歐杜杜瓦是古優羅巴族依非帝國創始人，見第一章）。此協會的目標是培養優羅巴族人的團結合一、推廣優羅巴的語言文化，並與奈國境內其他的民族主義團體合作，以促進優羅巴族人的發展進步。1948年阿沃羅沃回到奈國後，更在整個奈西南建立好幾個分會。

　　相似性的民族性組織也在奈國其他地方發展起來。在奈東南部伊博族聯邦協會(Igbo Federal Union)於1944年成立，其宗旨除了引導伊博族人的團結合作之外，也資助伊博族人接受西式教育，以促進伊博族的進步。這個由幾個地方工會合併形成的組織於1948年改名為伊博邦協會(Igbo State Union)，並成為NCNC黨中最大的群組之一。出身於伊博族的阿齊可威於1948

至 1952 年間身兼 NCNC 黨總裁及伊博邦協會的總裁。而在奈北,第一個重要的民族性組織是包齊總改進協會 (Bauchi General Improvement Union)。此組織於 1943 年由薩阿德‧榮古爾學士 (Mallam Sa'ad Zungur)、阿米努‧開諾學士 (Mallam Aminu Kano),以及塔發瓦‧巴勒瓦宗師 (Alhaji Tafawa Balewa) 所創立,他們是奈北當時少數有受過高等西式教育的人。1949 年他們把此組織更名為北方人民國會 (Northern People's Congress, NPC),其目的是要促進奈北人民的團結、維持北部區域的自治權,以對抗日益強大的南方勢力。北人會的本質保守,不像其他的民族主義團體那樣意欲挑戰現行傳統酋長政治結構的威權;但是其中一些比較激進的分子,如阿米努‧開諾,便脫離北人會,另組北方人進步協會 (Northern Elements Progressive Union, NEPU)。北進會的成員認為激刺南、北的相異之處實屬不利,於是北進會便與 NCNC 黨聯合,不過北進會在北方仍屬比較激進的團體。北人會在阿馬杜‧貝羅宗師(Alhaji Sir Ahmadu Bello,到了 1950 年代早期,他得一外號:索科托的沙刀納 [Sardauna of Sokoto],意指索科托的加冕王子)的帶領下,奈北地區主要仍由北人會支配。

　　從上述這些區域性及民族性之團體組織的觀點來看,奈及利亞的行政體系區域化,不僅較好而且很有必要。因此,《理查憲法》所設的各區眾議院,適時強化了這些組織的態度與方法,如此各區就有特定的奮戰目標。奈國較小的族群也有他們所組的民族性團體,不過到了 1950 年代早期,大局已定,奈國的區域性

呈現三區分立的局勢：奈西的優羅巴族區、奈東的伊博族區、奈北的豪薩／富蘭尼族區。1951年的憲改使民族區之區別轉變成成熟的政治戰線。

　　鑑於國家主義領導分子對《理查憲法》的不滿，約翰‧馬克弗森爵士（Sir John MacPherson，1948年繼理查卸任後的新殖民首長）於1950年開始著手修改憲法。馬克弗森小心地避免理查專斷自行制憲、行憲的錯誤，於1950年邀集奈國家主義領袖參與在以巴但舉行的修憲會議，最後在1951年完成《馬克弗森憲法》。《馬克弗森憲法》在許多方面改良了前憲法的不足。《馬克弗森憲法》設立了一個部長理事會，由十二名奈國部長（每一區域各舉出四位）及六名官方成員所組成。中央立法院變成眾議院，組成成員一半的席次分配給北部區域的代表，另一半的席次再分為二，分別給奈西南和奈東南區域的代表。各區域的議會也有所擴充，西部及北部區域的議會變成兩院制，一為眾議院，另一為族長議院，而東部區域則仍為一院制。新憲法給區域議會更多的立法及財政權。不過《馬克弗森憲法》對奈及利亞最重要的貢獻是奈國有史以來首次舉行普選。

　　普選的來臨，使各區和各族的識別感白熱化，各個民族性團體開始組織成正式的政黨，為爭取各個區議會的控制權而加入選戰。在東區，NCNC黨依然主控該區之局面。在西南區，阿沃羅沃的歐杜杜瓦後裔協會成了該區新政黨行動組黨 (Action Group Party, AG) 的設立基礎，此黨成功爭取到西區的主控權。而在北區，北人會也從原來的民族性組織脫胎換骨變成政治組織。開票

後，奈及利亞明顯的分裂為三個區陣營：NCNC 黨主控東區，北
區的北人會拿下該區所有席次，西區的行動組黨也確實的拿下過
半席次。

　　從 1951 年起，奈西南區及東南區的政黨組織開始竭力要求
殖民政府，全面推動地方眾議院內政自治化。不過，奈北區域的
政黨代表持續反對奈南代表們的訴求，他們聲明北部尚未預備好
自治。就在南北兩地爭論奈國自治是否必要的同時，政府是否需
中央集權化的議題也浮上檯面，如果其中一區域喊著要自治，那
是否其他兩個區域也得跟著行自治？針對這個議題，1953 年 7
月到 1954 年 2 月期間，有兩個憲法會議分別在倫敦和拉哥斯兩
地舉行。經過三個區之代表們態度嚴謹的審議後，終於在幾個議
題上達成協議，這些協議就被納入 1954 年制定的《利托頓憲法》
(*Lyttleton Constitution*) 之中（之所以取這個名字是因為當時仲
裁上述會議的，是英國的政治家奧利佛‧利托頓爵士 Sir Oliver
Lyttleton）。根據《利托頓憲法》，奈及利亞名正言順成為分成
三區的聯邦國家，而拉哥斯則是中央政府直接治理的聯邦領土。

　　到 1954 年，每個區域都可自由決定要不要採取完全的內政
自治，但沒有強迫哪個區域一定得實施完全的自治，而奈及利亞
的聯邦政府大體而言還是由英國殖民政府管轄。中央政府採單院
制，總共由一百八十四個席次所構成，九十二席給北部區域，東
南及西南區域各占四十二席，英屬喀麥隆占六席、屬聯邦領土的
拉哥斯占兩席。聯邦的部長由每一區立院的多數黨領袖所聘任，
每一區推舉三位部長，而喀麥隆則推舉一名。這十位部長與英殖

民首長及其他三位官方部長組成中央執行委員會。聯邦眾議院
有權對「專有立法項目」(exclusive legislative lists) 的議題立定法
規，而不在任何專有立法項目之列的，才移交給區域的立法院來
決定。若中央和地方有立案重疊的情況發生時，則聯邦所立的法
有絕對權壓倒區域所立的法。此《利托頓憲法》所設定的聯邦政
府體系，就是 1960 年奈及利亞獨立，國體運作的依據❷。

　　依據《利托頓憲法》，奈東南與奈西南區域都於 1957 年決
定自治，奈北也在 1959 年採取自治。1954、1956 及 1959 年的
普選鞏固了奈及利亞區域化的政治意識，行動組黨、NCNC 黨以
及北人會持續主導它們所屬的個別區域以及中央立院。

　　1954 年奈國依據《利托頓憲法》行普選後，北人會與
NCNC 黨聯合治理國事，而那時行動組黨為反對黨。1957 年塔
發瓦·巴勒瓦宗師受英殖民政府指名為奈及利亞第一任總理（原
因見後記與感想），他當上總理後，便說服行動組黨加入執政
聯盟。

---

❷　所謂的聯邦「專有的立法項目」使中央的立法權，不成比例的遠遠大
　　過各區域的立法權。舉凡健康、教育、農業、住、行等各方面都屬聯
　　邦專有立法項目；各區域有立法權的項目相形之下只剩不到 10%，可
　　以說大大的阻礙了區域的發展。

第三節　獨立成功

　　1959 年最後一次普選決定了奈國獨立後的第一個政府組織架構，北人會擁有最多的席次，而且北人會與 NCNC 黨聯盟組成多數黨政府（執政黨）；行動組黨又成為反對黨。巴勒瓦繼續總理之職，而阿齊可威則任奈及利亞獨立後的首任總統——不過他這個總統職大都只是形式上的，沒有太多實權。1960 年 10 月 1 日，奈及利亞正式成為大英國協裡真正主權獨立的國家。巴勒瓦在他的就職典禮致辭中感謝英國的配合，也感謝國家主義分子們幾十年來的奮鬥不懈。他說，過程雖然漫長艱辛，但也強調「歷史會證明我們奈及利亞立國的腳步明智，過程也走得徹底。現在奈及利亞穩穩的立在堅固的根基之上。」

　　不過，奈及利亞立國的根基，並不真的如巴勒瓦說的那麼穩固，事實上，奈及利亞的聯邦運作機制非常薄弱。這個新國家此時雖沉浸在獨立、一統的幸福感之中，但從很多層面來看，其實是分歧的。區域主義以及不同民族之間的互不認同，一直阻礙著奈國的發展與進步，也使奈國人民多認同所屬之民族，而少認同奈及利亞的國家身分。再者，雖然奈國的三大族群各主掌個別所屬區域的政權，但居住在各區域境內的上百個少數民族，也還是害怕所屬區域內人數較多的民族隨時有可能反過來掌控或對他們施壓。還有，城鄉的發展迥異懸殊，農工階級的人民有足夠的理由害怕，奈及利亞獨立，送走了富有的英國殖民政府，換來的奈

圖 20：拉哥斯萊基 (Lekki) 半島出入要道前，成群的歐卡達（Okada 當地的機車）騎士等著載客。

及利亞中產階級對於國家如何發展建設，恐怕和他們的價值觀和看法不會一樣。

　　雖然奈及利亞在 1960 年獲得政治上的獨立，但在經濟上卻一點也不獨立。二次大戰後的經濟發展計劃措施並沒能幫助奈國達到充足發展的地步，其國庫的收入，大部分仍是仰賴經濟作物的外銷，然而控管外銷經濟的，仍然是英歐公司。所以說，奈及利亞政治上獨立卻伴隨經濟上的不獨立，因奈國在經濟上都還得仰賴英歐的知識、英歐的門路以及英歐的技術，也受制於國際市場的情勢。

　　1956 年奈佳河三角洲發現石油，而且產量達工業貿易規模，但這個本應為奈國經濟帶來喜訊的發現，到頭來只是令奈國的政

經問題雪上加霜。接下來的幾十年裡，石油成了奈國的福氣，同時也是詛咒。這個難能可貴的資源本可以助奈國變成富強的國家，但自 1960 年代以來，卻造成不同族群間更加分裂，而且還使經濟發育不全、國家政府貪污腐敗。

Nigeria

第 III 篇

獨立建國的奈及利亞

政經不穩與內戰
（1960～1970年）

　　從 1960 年代奈國獨立到現在，奈及利亞的政治經濟從來沒有穩定過，而造成這個問題的根本原因，就是奈國的「國體問題」(National Question)：奈及利亞是什麼？算是一個國家嗎？誰是奈及利亞人？一個國家要如何才能使國民對自己的國家具有認同感呢？

　　現在我們所知道的位於西非的「奈及利亞」，這個國名其實是 1885 年在柏林會議中瓜分到奈佳河流域的英國殖民政府，於 1914 年為其分得之區域所取的名字。居住在這個區域內的人，在國際上被稱為奈及利亞人，但這個名號對這個區域裡大部分的人來說，是沒有意義的，因為他們的生活主要還是以個別所屬的當地族群為中心，畢竟，各族所屬的族群已存在好幾千百年。1950 年代制定之憲法所強調的聯邦政府加上區域政府的機制，

更加阻礙奈國一統之國家認同意識的發展，因為按照這套機制的
運作法則，若要進駐中央掌權，就得先在所屬區域的政府體系掌
權。也就是說，各區域的最大族群——北方的豪薩／富蘭尼族、
東南方的伊博族、西南方的優羅巴族——在掌控個別區域的政權
之餘，有機會才有辦法角逐中央聯邦政府部門的位置。在每個區
域內的少數民族也會對抗大族群的控管，導致這些少數民族對整
個政治進程越來越疏離，造成認同意識更加分化，離奈及利亞一
統之國家認同意識的目標更遠。而各大族群的人民也看出，在所
屬區域內獲權較容易，況且即使認同中央聯邦政府，也不見得能
從中獲權或獲益，所以雖然在國際上來看，奈及利亞已於 1960
年獨立成為主權國家，但從大部分奈國人民的實際經驗來說，奈
及利亞在很多方面只具有州郡體，而不具有國體。

　　為了培養一統的國家意識，奈及利亞不同階層的國民曾用各
種不同的方法在很多方面著力過。藝術家、學者、甚至一些政界
人士藉著他們的創作、著作❶、演講以及立法，努力要建立一

---

❶ 在文學創作方面，奈國文學界為了建立奈及利亞人的國體意識，造就
　了許多不凡的作品。最為普世熟知的，要屬齊努亞・阿切貝 (Chinua
　Achebe) 於 1958 年問世的世界名著《分崩離析》(*Things Fall Apart*)。
　他這部以英文創作的小說，把故事場景設於殖民統治前數十年以及開
　始進入殖民統治之初的奈及利亞，展現伊博族的傳統生活、文化認同
　意識、民族韌性，同時也平靜理智的點出外來強國進駐後的無理醜行，
　可以說直接間接的加快奈及利亞的獨立。另外，於 1960 年代崛起的
　戲劇作家沃雷・索因卡 (Wole Soyinka) 的《森林之舞》(*A Dance of the*

個一統而且獨特的奈及利亞文化。

　　他們也曾努力的發展全奈經發措施，以建立國營經濟，但到最後，這些努力都以失敗告終，主要是因為各區域的統治階層無所不用其極的鞏固區域的政權勢力。結果1960至1966年的第一共和期間，官場貪汙腐敗、選舉連連炒作、種族間的暴力凌虐、恃強凌弱等粗暴行徑不斷。這種現實政治❷的行徑令奈及利亞人心惶惶。

　　就因為人民對個別所屬區域的政體與文化比較能認同，而較無法認同奈國的國體，所以1960年代奈國人民最大的恐懼，就是害怕自己的區域會被別的區域併吞：南方人（奈東南、奈西南）害怕北方人來侵吞，而北方人也害怕南方人北侵。這種恐懼使得1964與1965年間各方都用盡了各種醜惡的把戲來炒作選舉。這種光景使很多奈國人認為，聯邦政體無法就奈及利亞的實際情況正常運作，因此需加以廢止。這種心態終於造成了1966年奈國第一共和的文官統治被軍閥給推翻，甚至在1967至1970年間發生了傷亡慘重的內戰。

Forests)，這部作品是專門特別為1960年奈國的獨立而寫的。他的劇作不僅知名於奈國，而且紅遍整個非、歐洲。他在戲劇創作的貢獻，還使他成為撒哈拉沙漠以南第一位獲得諾貝爾文學獎的非洲作家。

❷ 所謂「現實政治」（Realpolitik），是指政治考量所依據的是赤裸的利益計算，而資源分配的爭奪和勝負，則完全取決於政治實力，而非建基於道德原則或普世價值。現實政治常用來與美國理想主義──強調民主、公義、人權、和平的威爾遜主義作對比。

第一節　第一共和的國發計劃

　　1962 年奈政府推行「第一個國家發展計劃」（First National Development Plan，以下簡稱第一國發），預計要實行至 1968 年，重點針對農業、工業及教育這三個領域進行投資與發展。不過，1960 年代的獨立政府最看重的，還是達成經濟獨立這個目標，因此重點比較多放在製造業與工業的發展。第一國發以及其他的發展措施，確實使奈國在 1960 至 1966 年間的經濟穩定成長，於是很多人相信奈及利亞有望達成經濟獨立。不幸的是，1966 年的軍閥政變以及接下來的政治發展，使國發措施所做的努力與成長戛然而止。

　　另外，雖然第一國發及其他的發展方案有達成些許成功，但其實在 1966 年的軍變之前，就伴隨一些衰竭與負面的走向。其一，經濟發展多元化雖不錯，但卻也造成農業逐漸萎縮。第一國發使正規教育普及化，於是鄉村越來越多務農的家庭便把原本要拿來投資農事的收入，轉而用在繳納孩子們的學費。然而一旦受過教育，孩子們便不太可能跟著父母務農，於是食物越來越仰賴進口。1965 年進口的食物已達四十六億奈拉，從此持續增加直到現今，而農業的蕭條則有礙於奈國長程的經濟獨立計劃。其二，奈國過於仰賴外國投資發展，導致奈國距離經濟獨立的目標越來越遙遠。為了吸引外資促進製造業及工業的發展，奈政府為外國投資客啟動減稅及保護關稅等獎勵辦法。外資確實提升了整

體的生產力，奈國的經濟也因此而能多元發展，但同時卻也使奈
國經濟持續不斷的仰賴外資而無法獨立。

第二節　第一共和的政治

外國投資客多只願意把錢投注於奈國的私營企業，而較不
敢投入奈國的國營事業。這主要因為奈國的第一共和政局非常
不穩定。1950年代確立奈國三區分立的中央聯邦系統，在1960
至1966年間運作已完全失靈，因為各區域裡的主要政黨為獲取
或維持對聯邦及區域議會的控制權，彼此之間殘酷惡毒的相互競
爭。奈及利亞大部分的資源都是議會在控管，也就是說，若能控
制區域和中央議會，就能把政府的資源給自己及自己的擁護者獨
占，而且有權拒給政敵資源。

如前所述，1960年代獨立之初的奈及利亞普遍有著被他區
併吞的恐懼。奈南的人害怕聯邦政府被北人會主導，恐北人會只
顧及奈北區域的利益，而把資源都撥到北方，甚至也怕他們會斷
了南方人在政、軍單位的職分，而逐漸使奈國變成伊斯蘭教國
家。相對的，奈北的人也害怕主宰南方的阿沃羅沃之行動組黨和
阿齊可威的奈國公民國家會黨❸，會把資源只分配給原本就比

---

❸　NCNC黨原名全稱（奈及利亞及喀麥隆人國家議會）包含喀麥隆，是
　　源自於二次世界大戰德國戰敗，將原屬德國的非洲殖民地交由戰勝國
　　家管理（被稱為託管地），其中喀麥隆被移交給英國及法國，英屬託

較有發展的南方，而使北方變得更加沒有競爭力。在這樣的情形下，任何的黨一旦掌權，就會想盡辦法占著位置不下臺，而任何失勢的政黨要不就想辦法與多數黨結盟，要不就要在下一次選舉想辦法奪取政權，因為身為反對黨要面對的就是長年的失利。

這種害怕爭不到權而得不到利的恐懼儘管聽起來有些誇張，但卻是事實。1959 年時北人會與阿齊可威的 NCNC 黨聯合執掌聯邦政府，但獨立後，北人會變成一黨獨大（這是因為英國殖民政府將政權交給較聽話的北人會），在中央執政的巴勒瓦總理以及北區總理阿瑪杜·貝羅的領導下，北人會採取很多措施來改善北區以及該區人民的生活。一黨獨大的北人會會定期把軍政部門的職位及升遷機會分發給奈北的人，即便他們資格不符。為了達到南北三區公務部門人員配置的表面平等，北人會寧可不用資格較優的南方人。

另一個北人會利用聯邦政府資源來獨善北方的事例，從第一國發的細目中可看得出。第一國發本是為整個奈國之發展而採取的措施，但實際上大部分的資源配置卻只留給北方的發展方案，幾乎所有指定作為國防發展、教育、健康及道路建設的資金都配給北方。北人會這種只顧自己族人及自己之區域的作法，當然

管地在地緣上與奈及利亞接壤。在奈及利亞於 1960 年獨立前，英國諮詢過英屬喀麥隆決定是要與奈及利亞合併一同獨立，還是選擇要與法國託管的喀麥隆統一，最終喀麥隆人選擇與法屬喀麥隆統一。因此 NCNC 黨於 1959 年改名為奈國公民國家會黨 (National Convention of Nigerian Citizens, NCNC)，而英文縮寫仍維持不變。

會把阿齊可威的 NCNC 黨惹得不愉快。NCNC 黨逐漸發現，雖
與中央執政的北人會聯盟，但卻沒有獲得應得的利益。因此自
1962 年起 NCNC 黨的領導階層開始積極在南方結締新盟友以對
抗北人會。於是，NCNC 黨、行動組黨以及北方的一些少數黨聯
合組成聯合進步大同盟黨（the United Progressive Grand Alliance,
UPGA，以下簡稱聯進盟黨），此黨最重要目標就是把北人會踢
出中央聯邦政府，使聯進盟黨能成為執政黨。北人會見狀，唯
恐失去坐擁的權與利，於是與北進會及南方的一些邊緣小黨組成
奈及利亞國家同盟黨（Nigerian National Alliance, NNA，以下簡
稱奈國盟黨），而它的主要目標，就是要使現狀繼續維持下去。

　　1964 年 12 月 30 日普選日之前的選戰所展現的惡形惡狀，
足以令人厭惡到極點，尤其在北部及西部區域，因為北人會與北
進會分別在這兩個地區盡其所能的阻礙敵對的一方從事競選活
動。比方說，聯進盟黨的官員不斷抗議說他們的候選人根本無法
進入北方競選，而聯進盟黨在西區所遇到的阻撓則是暴力與破
壞，因為北進會試圖鎮壓聯進盟黨及其支持者。奈國盟黨暴徒常
常痛毆聯進盟黨的擁護者，並且還搗毀他們的資產，如此行徑當
然使此區人民的恐懼直線上升。奈國盟黨這種作法就是要讓聯進
盟黨的候選人無法得到法定提名而代表參選。這樣，奈國盟黨就
能在不受反對的情況下，提名很多他們自己的候選人。奈國盟黨
控制著北區和西區選舉的運作，因此可以輕易的攪亂聯進盟黨候
選人的提名進程。另一方面，聯進盟黨也不甘示弱，以其人之道
還治其人之身，所以能扳回幾成。選舉結果：巴勒瓦依然是總

理，而阿齊可威則依然只是總統❹。

　　接下來於 1965 年 10 月舉行的西區議會選舉，幾乎就是前面普選的翻版，結果北進會輕而易舉的大獲全勝。但不相信選舉結果的聯進盟黨也決定來個天下烏鴉一般黑，行動組黨的代理主席阿德本羅族長 (Chief Adegbenro) 也立刻宣布聯進盟黨勝利，還宣稱他要組織臨時政府。很快的，阿德本羅和其他聯進盟黨的領袖因為藐視官方宣布的選舉結果而遭收押。看不下去的西區人民走上街頭抗議選舉結果，這場選舉鬧劇使西部區域在整個 11、12 月成了戰場。聯進盟黨的支持者群起暴動，與警察起衝突，趁亂打劫，燒毀北進會支持者的房子，有時連人也殺。偏偏在這個時候政府又調低可可豆的價格。身為西區執政黨的北進會控制產銷理事會，而訂定產物價格就是此理事會所負責的。通常每年訂定可可豆價格的時間是 9 月底或 10 月初的時候，但因害怕政局不穩使可可豆價格在選舉結束後下跌，於是北進會故意在選舉前把價格調高，選舉一過可可豆價格立刻從每噸一百二十鎊降為六十五鎊。結果，氣炸了的可可豆農與聯進盟黨聯合起來暴動，頓時西區根本無法管制。對於第一共和政府無法民主化治理國事，奈南人民已積怨難消，而最忿忿不平的，恐怕要屬伊博族的軍官了，他們已受夠了聯邦政府既無法帶給人民安定的生活，又不願為國民謀福利的事實，於是開始密謀推翻共和政府。

---

❹　在印度、日本以及大部分的歐洲國家，總理是多數黨領袖，享有實權，能議決必要的法規，而總統只是形式上的元首。

第三節　軍事干預

1966 年 1 月 15 日，奈及利亞發生第一次軍事政變，由五位將領帶頭叛變，他們分別從奈國的三個地區及拉哥斯進行。軍變將領們宣稱他們行動的目的是要消弭第一共和的兩大問題：宗族意識與腐敗貪汙。

軍變過程中，他們逮捕並殺戮聯邦以及各區的總理，他們認為聯邦總理巴勒瓦、西區總理阿金托拉（S. L. Akintola，普遍被視為巴勒瓦的走狗），及北區總理阿瑪杜·貝羅必須為 1964 及 1965 年的亂象付出代價。軍變之中他們也殺掉許多北區的軍官。這次軍變雖似乎已把幾個罪魁禍首給解決掉了，不過並沒能達成真正完全的勝利。一旦把文官統治階級移除掉之後，接下來該以什麼計劃來治理國事呢？這點軍變將領其實並不清楚。也就是說，第一共和的高階政治人物被殺或被關入監獄之後，整個奈國陷入另一個重大的政治危機。

很快的，政權轉入奈國陸軍指揮官約翰·阿吉義－伊郎西少將 (Major General John Aguiyi-Ironsi) 的手中。他一上任就著手平亂的工作，伊郎西政權的主要目標其實與軍變將領的理想是一致的：重建法律與秩序，維持政、軍、民主要機構的正常運作，消弭宗族意識，肅清貪汙的惡習。他取締各區的政黨，並在各區安置軍事首長。

一開始人民樂見這次的軍變以及伊郎西的上臺，特別是南方

的人民。在很多南方人看來，移除第一共和的文官政府，等於結束奈北區域霸權凌駕奈南的局勢。西部區域的人民見北進會遭滅掉後，便歡騰不已，而且自從 10 月的選舉以來就一直平定不了的暴動幾乎立刻停止。不過，奈北很多人民對這次軍變以及伊郎西的執政很擔憂，他們認為這是南方人——特別是伊博族人——的預謀，用軍變當幌子，其實是為了在整個奈國建立伊博族人的政權。

1966 年 5 月 24 日伊郎西立《政令第三十四條》，正式廢止聯邦政體，而以中央政權取而代之。如此，奈國各區域的政體結構也停止運作，各區域降格為省分。原本在各區運作的軍、政、民機構，現在都必須統整於中央，由中央統一執行。在奈北人民眼中，這樣的變革更是伊博族人欲統御整個奈國的預備動作。

現在已經沒有依人口數的保送制度保障北方人在中央的官員政要席次，在不甘願地位一落千丈的情況下，1966 年 7 月 29 日一群北方的士官及官員便發動了反軍變，伊郎西在以巴但被逮捕後遭暗殺。在接下來三天的時間奈國沒有元首，搖搖欲墜。很快的，北方的重要官員推選三十一歲的陸軍中校亞庫布·高望 (Yakubu Gowon) 任最高三軍總司令及奈國元首。

高望立刻宣布廢止《政令第三十四條》，使奈國又恢復為聯邦政體，即聯邦政府尊重各區的相異性，而各區政府則隸屬並一統於聯邦體制內。高望的舉動令歐糾庫中校 (Lieutenant Colonel Ojukwu) 特別不能贊同。歐糾庫是奈東區伊博族人的軍事首長，他對這次反軍變的合法性非常質疑。最令歐糾庫擔憂的，是奈東

伊博族人的安危，他懷疑現在掌政的軍政府是否願意保護伊博族人。從1966年5月伊郎西廢除聯邦政體開始到9月這段期間，東區以及住在北區的伊博族人一直遭受暴力迫害，接連不斷而且持續增加的屠殺事件——很多都是奈北軍人所為——奪走了八萬到十萬條奈東人的性命。伊博人嚥不下這口氣，於是採取報復，開始殺害住在奈東區的北方人。這使歐糾庫開始質疑，伊博人是否真能在採取聯邦政體的奈及利亞安家立命？這時他催促住在他區的伊博族人盡快回來奈東，同時也促請住在奈東的北方人趕快遷回奈北。於是，1966年後半到1967年前期在奈國出現了大量的人口遷移。

就在歐糾庫猶豫是否呼籲奈東的伊博族人脫離奈聯邦政府管轄的同時，高望也決定要把奈東繼續納入聯邦體系之中。1967年1月4～5日高望與歐糾庫於迦納的阿布利(Aburi)接連幾次會議協商，但卻只得出模糊不清的結論：高望相信在阿布利的協商已確定奈聯邦政府繼續統御分立三區的奈國，但歐糾庫卻宣稱阿布利協商已賦予他掌管東區政府的權力，甚至，他認為那次的協商使他有權鼓勵奈東的伊博族人脫離奈國聯邦政府。是年3月歐糾庫宣布從4月1日起，奈東政府要接管東區原屬聯邦政府掌理的各部門、稅務以及其他的歲收——基本上就是宣布東區獨立。高望聞訊立即封鎖海岸，並且對奈東執行經濟制裁。5月30日最後的和解談判破裂，歐糾庫正式宣布東區獨立，國名為「比亞法拉共和國」(Republic of Biafra)。

第四節　內　戰

　　高望及聯邦軍政府是絕對無法容許比亞法拉脫離奈及利亞而
獨立建國的,最主要的理由是因為比亞法拉國所占有的領土富含
奈國 67% 的已知石油蘊藏量。果真讓比亞法拉獨立的話,聯邦
軍政府就等於失去非常豐厚的收入來源(另外一個一般較不記載
於正史的原因,請見本書第九章)。於是內戰接踵而至。這場戰
爭有時也叫「比亞法拉之戰」,但一般都稱為「奈及利亞內戰」。
這場聯邦軍政府與比亞法拉軍隊之間的戰爭持續了兩年半,1970
年 1 月 12 日比亞法拉崩潰投降。

　　比亞法拉人宣稱,整個內戰當中,聯邦軍政府的終極目的就
是要對伊博族人進行種族殲滅。就某方面來看,聯邦軍政府為將
比亞法拉「收歸」奈國國土的做法,確實是要根除伊博族人。高
望的戰爭策略為二:先把伊博族的占地孤立起來,然後使比亞法
拉陷於貧困。

　　歐糾庫一宣布比亞法拉獨立,高望也緊跟著宣布奈國進入緊
急狀態,而且公布新州郡的建立。原本奈國的三個行政區域以及
拉哥斯聯邦首都區,現在變成十二州,而原來的奈東區域現在變
成三州。高望這個做法一來是要平撫奈國境內的少數民族,他們
早在奈國獨立之前就要求要有他們能歸屬的州郡。變成三州的原
東部區域,只有一州「東中央州」(East Central State) 絕大多數
是伊博族人,而且只有這一州沒有靠海,其他兩州「諸河州」

圖 21：1963～1967 年奈及利亞州郡圖

(Rivers State) 及「南東州」(South-eastern State) 占有整個比亞法拉海岸線，也就是奈國大部分的石油富藏就在這兩州境內。高望這種做法足以削弱東區非伊博族人對比亞法拉政府的支持，因為他們認為聯邦軍政府既願意創立新州，就表示政府有能力照顧他們的福祉。

　　宣布新州郡的設立之後，聯邦軍政府繼續封鎖海岸線。哨兵封鎖線緊密，比亞法拉國根本很難把食物以及其他必要的物資輸出或輸入比國。雖然聯邦軍政府允許國際人道救援組織把紓困的物資運入比國境內，但軍政府對比國的禁運措施，危害依然相當慘重。1968 年 1 月高望宣布變更奈及利亞的貨幣，這表示任何

圖 22：1967 ～ 1976 年奈及利亞新增州圖

比亞法拉人為資助內戰和比國政府所積聚的錢幣，很快的變成一文不值。漸漸的這些經濟困境變成比國的致命傷，食物越來越稀少，而通貨膨脹則使得比國境內僅剩的食物貴得嚇人。

營養不良以及飢餓的問題迅速蔓延整個比亞法拉，不過這也反而讓歐糾庫等比國的領導階層有實例證明高望的軍政府就是要殲滅伊博族人。於是比國在國內製造大量文宣，甚至僱用歐洲有名的伯恩哈特廣告公司 (H. Wm. Bernhardt Inc.) 將比亞法拉的訴求——特別是伊博族人將面臨滅絕的光景——向國際社會廣傳。比亞法拉的文宣確實使比國的伊博族人更加憤恨高望的軍政府，同時也贏得國際社會的同情。

國際社會對奈內戰的參與當然也拉長了奈軍政府與比亞法拉之間的衝突。一開始，比國很難找到支持。非洲團結組織 (the Organization of African Unity, OAU) 拒絕承認比亞法拉，把這場

戰爭看成只是奈及利亞國內部的衝突。美國和英國都採取中立觀望的態度，這使得奈及利亞聯邦政府非常惱怒，轉而向蘇俄尋求支持。蘇俄非常樂意效勞，殷勤的提供戰機以及軍事顧問給軍政府。而到了1968年，情勢對比國也出現了些許的轉機。有些非洲團結組織的國家——坦尚尼亞(Tanzania)、加彭(Gabon)、象牙海岸(Ivory Coast)、及尚比亞(Republic of Zambia)正式承認比國為獨立國家。法國與葡萄牙特別為比國提供補給以及後勤的調度。至於以色列，則把比國看成是同它自己一樣，是一個被欲置之於死地的敵國團團圍住的多難國家。欲挑戰蘇俄爭取共產世界領導權的中共，也對比國表示同情，但並沒有為比國提供顯著的支持。

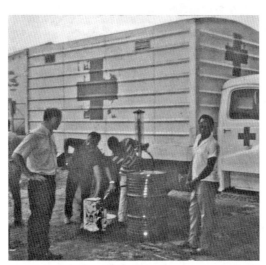

圖23：於比亞法拉內戰期間拍攝，一輛負責載送援助食物及醫藥用品的卡車正使用油桶來加油。

　　國際非政府組織也在這場內戰扮演重要角色。很多比國人所
歸屬的天主教會與國際紅十字會 (Comité International de la Croix
Rouge, CICR) 合作，為比國提供人道救援。它們每晚運輸的食
物、藥物及其他非軍事補給，都會在烏利 (Uli) 著名的飛機跑道
降落。

　　國際社會政府及國際組織的援助，加上比國上下自我求生
的意念支持下，比國伊博族人得以長時間奮力抵抗軍力較強的
聯邦軍政府。不過比亞法拉最終還是潰敗了，在 1969 年 12 月
及 1970 年 1 月間遭聯邦軍隊攻破占領。眼見大勢已去，歐糾庫
便逃到象牙海岸，並且對外聲稱，只要他一天還活著，革命的精

圖 24：拍攝於比亞法拉內戰期間的難民營，
國際拯救兒童聯盟 (Union internationale de
Protection de l'Enfance, UIPI) 的工作人員正
在分配牛奶及食物。

神就不死。臨走之前，歐糾庫把權力移交給菲利普・艾菲昂少將
(Major General Phillip Effiong)。1970年1月12日，艾菲昂少將
到拉哥斯正式向高望投降。

　　這場內戰奪走了上百萬條人命——很多都是餓死的，另有
上百萬人流離失所。戰後，伊博族人在戰爭期間所害怕的種族
滅絕，並沒有發生。奈國很快的走向整合與修和，這尤其要拜
1970年代石油大量生產所賜。

　　不過，奈及利亞的國體問題依然是奈國一統的最大困境。還
好，就政治層面而言，種族間的緊張關係，因為戰後武官繼續掌
政，似乎顯得不那麼嚴重。事事以統一、秩序為基準的軍政府一
點兒也不民主；事實上，內戰後的軍政府越來越忽略人民的意見
與需求，結果變得跟第一共和一樣貪腐。不過，戰後的軍政府不
像第一共和那麼不堪一擊，而且奈國軍方還變成奈國政府行政的
驅動力。

第八章 | *Chapter 8*

石油與奈及利亞
（1970 ～ 1983 年）

　　1956 年奈佳河三角洲發現蘊藏豐富石油，緊接著 1960 年奈及利亞從英國政府獨立脫離殖民，當時經濟落後貧困，因此多數人對石油抱持樂觀且充滿期待。然而豐衣足食的生活及經濟榮景並未隨著石油開採而來，產油並非真的毫無利益及財富進帳，但這筆巨額簡單獲得的收入，並沒有實際提升人民生活及健全國家建設，相反的大多數金錢不翼而飛，或是流入統治階級人士的口袋之中，貧富差距越來越大，不論是政治、經濟或社會問題都未曾改善。

　　而擁有大多數奈及利亞石油產業的東南部民眾，不僅無法受益還深受其害，石油收入掌握在中央政府手中，而當地平民們面對的卻是漏油汙染的水源及土地，以及大量有毒物質汙染的空氣。在政府無視於石油汙染、缺水、貧困飢荒、族群對立以及區

域發展分配不均的情況下，奈國境內政治與經濟動盪是難以避免的。

第一節　石油致富與盜賊政治

1970 年代早期石油的大量開採，帶給奈國經濟神速的發展。奈國的油田大部分位於奈佳河三角洲區。很快的，石油成為奈國的主要輸出物品，而且光是依靠輸出石油，就使奈及利亞在 1970 年代變成非洲富有的國家之一；2014 年更一舉超越南非，成為非洲最大經濟體。

不幸的是，石油並沒有為奈國的整體發展帶來貢獻，因為石油所帶來的財富並沒有平均分配，只有掌握政權，或與政府有掛鉤者，才能享有油財。結果就是，政府機構越來越與人民脫節，人民的意願與政府官員的行動到後來根本完全不相關；這種局面直到現今還在折磨奈及利亞。從 1970 年到 1983 年，奈國歷經過兩個軍政府及一個文官政府。這三個治理不善的政權伴隨且擁有石油經濟的成長，但卻都促成了盜賊政治 (Kleptocracy)❶的發展，使得今日的奈國人民依然苦不堪言。政客與企業家因石油經濟而變得非常富有，但大多數的奈國人民卻深陷永無止盡的貧困之中。

---

❶ 所謂的「盜賊政治」就是國家掌權者非但沒有把國家的資源與歲入用來建設國家，反而將之竊取而中飽私囊的政治現象。

　　1970年代早期奈國石油工業在產量及利潤上的遽增，與當時其他地區石油供不應求有絕對關係。1971年奈國加入石油輸出國家組織(OPEC)，該組織因為1973年西方國家在「第四次中東戰爭」(Yom Kippur War)中支持以色列，而對西方國家採取禁運石油的措施，導致油價飆高，由1973年10月每桶三‧八美元上升到1974年1月的十四‧七美元，而且之後的整個1970年代油價都居高不下。奈國由此從中獲得巨利，石油帶來的歲入越高，奈國也就越仰賴油財。豐厚的油財使奈政府可以減少或甚至免除之前其他的國庫收入來源，如關稅和所得稅。到了1974年，奈政府的歲入有82%都來自油財。

第二節　高望好大喜功帶動人民揮霍，政府貪腐

　　隨著財富的大量湧入，政府也肆無忌憚的大刀闊斧。高望增加公務的編制，大幅度提升政府部門人員的薪資，還著手投資大型基礎建設案，如修復內戰當中毀壞的農場、道路、機場等。高望還興建學校及軍營。然後，為了舉辦「黑人藝術文化慶典」(Festival of Black Arts and Culture)❷，他把大把大把的錢花在各項的準備事宜上。

---

❷　又稱為Festac '77（77年黑人藝文慶典），是第二屆世界黑人及非洲的藝術文化慶典；第一屆於1966年在達卡舉辦。1977年1月15日至2月12日期間，這個為期一個月、編制浩大的歡慶活動，在奈及利亞

圖 25：Festac '77 大杜巴 (Grand Durbar) 衛兵遊行

　　高望還增加了軍需的開銷，供養了二十萬名常備軍——但在和平時期根本無需這麼多。整體的軍備開銷在五年內（1970～1975 年）增加了近四倍之多。很多這類的國家開銷，可以說純粹只是在巴結軍政府，而罔顧國家未來的發展。1976～1979 年當油價下降時，以及 1980 年代初期石油供過於求期間，奈國的經濟便倍受折磨。

　　奈國經濟全部聚焦於石油的結果，導致奈政府忽略其他重要生產業（如農工業）的發展，而這等的忽視當然使得奈國經濟不

　　的拉哥斯進行，展示非洲的音樂、藝術、文學、戲劇、舞蹈及宗教。共襄盛舉者有一萬六千人次，代表非洲五十六個國家，在當時是有史以來最大的泛非國家集會。為了主辦這個慶祝活動，奈國政府還特別興建「奈及利亞國家藝術文化理事會」、費茲塔克鎮 (Festac)，以及「依甘姆國家戲劇院」(National Arts Theater, Iganmu)。

能穩定均衡的發展，國內生產毛額於 1970 年時為 9.4%，但到了
1973、1974 年時卻降為 7%。所以石油工業的大量開採反而使奈
國農工產品的進口量增加。既然有更多的錢因為石油而湧入國內
經濟，於是國民受此鼓勵，消費也就跟著大量增加，尤其在都會
區。而消費越是增加，通貨膨脹也就隨之而來。

　　石油所帶來的財富也造成奈政府部門普遍的貪腐現象，尤
其是那些負責集結與分配歲入的官員。石油資源也使奈國變成
一個尋租國 (rentier state)❸，從 1970 年代開始，奈國的歲入都
是從一些跨國石油公司（如殼牌 [Shell]、英國石油公司 [British
Petroleum] 等）支付石油開採使用費給奈國政府而來。這種機制
運作之下，貪腐自然變得猖獗，那些與外國公司交涉的政客或官
僚變成了買辦，將非法抽取盈餘的油財放入自己的口袋中。

　　而在奈國境內油財的分配，更充分顯示高望軍政府的貪腐與
不民主。1970 年時聯邦政府原來採取一種比較折中的方式來分
配油財：產石油州可以分到國庫收入的 45%，而剩下的 55% 再
由聯邦政府做分配，其中的 1/2 歸聯邦政府的資產，而另外一半
則成為「可分配共享帳戶」(Distributable Pool Account, DPA) 的
資金。這筆 DPA 的資金再一分為二，以兩個原則分配給非產油
州，其中一半平均分配給各個非產油州，另一半再依各非產油州
的人數分配出去。原來給產油州的 45%，後來降為 20%。到了

---

❸　一個國家如果其所有或主要的國庫收入來自於出租其天然資源給外國
　　客戶使用，就稱為尋租國。

1979 年，為了資助聯邦政府為產油州所掌管的帳戶，連這最後的 20% 也全部取消了。聯邦政府還宣布，跨國石油公司承租奈國海上的鑽油權所付的所有租金全歸聯邦政府。

第三節　第二次軍變推翻高望政權

高望政權之所以會被推翻，最主要是因為他說的是一套，做的卻是另一套。他說要重組公務及軍制，事實上卻擴大編制，結果浪費公帑。他說 1974 年要退出軍政府，把政權轉由文官治理，但卻一延再延。他承諾做過人口普查更新之後，便執行政權的轉移，然而 1974 年的普查結果誇張不實（因各州為了能分到較多的油財而謊報人口數），結果他說因此要延到 1976 年再說。他說要肅貪，結果自己藉著各種名義撈得最多的油財不說，還縱容屬下貪汙，1974 年兩名高望的親信：貝努約高原州州長甘姆沃克 (Gamwalk) 和該州的選舉首長塔卡 (Tarka) 涉嫌貪汙醜聞。塔卡一經舉發便辭職下任，但高望卻不懲處甘姆沃克，繼續讓他當州長。高望承諾要做到頭來卻不願做的還有：制定新憲、允許人民自由組政黨、投資贊助農工業以助其發展。

1975 年 7 月 30 日，高望的保安總監——喬瑟夫・噶巴上校 (Colonel Joseph Garba) 和穆薩・亞拉杜瓦中校 (Lieutenant Colonel Musa Yar'Adua) 帶領一群年輕軍官發動了一次無流血軍變，推翻當時在烏干達參加非洲團結組織會議的高望。軍變領袖同意由來自北方的穆塔拉・穆罕默德將軍 (General Murtala Mohammed) 為

新的國家元首。穆塔拉將軍是內戰時期的戰場英雄，同時也是戰後高望政權的頭號死對頭。奈國人普遍支持這次政變，眾人都預期穆塔拉將能使奈國建立誠信的政府，並且能和平轉移為文治。穆塔拉一上任就不負眾望著手改革的工作，他宣布要恢復奈軍部的尊嚴，以掃蕩高望苛政對軍事所造成的危害，而且他也答應要讓奈國回歸民主政治。

為達成這些目標，穆塔拉做了很多的努力。不幸的是，他只治理奈國六個月。1976年2月13日，一個中途失敗的軍變暗殺了穆塔拉。事變後被推舉出來掌政的是穆塔拉的第二指揮官，歐魯瑟昆·歐巴山糾中將 (Lieutenant General Olusegun Obasanjo)。他是優羅巴族人，也是內戰中的戰場指揮官。穆塔拉的治理雖然短暫，但充滿朝氣活力，所以他的早逝使他成為奈國的民粹英雄。今日坐落於拉哥斯以克佳 (Ikeja) 的國際機場便以他的名字命名作為紀念。

第四節　歐巴山糾政權

歐巴山糾的政權謹遵穆塔拉的腳步，就治國的目標及方法而言，這兩任國家元首的理念是相同的，所以歷史上常把他們併稱為穆塔拉／歐巴山糾政權。穆／歐政權的治國目標有三：肅清政府部門的貪腐現象、提升國家的一統意識，以及把政權和平移轉為文治。

就肅貪這個層面而言，歐巴山糾的做法並不成功，原因是只

換湯而不換藥，把行貪的人換了，但卻沒有改革國家的尋租系統。有很多的情況是，在位的人藉肅貪之名，把政敵或是不聽話的下屬人員除去。高階的軍公人員因貪腐而被迫下位，但接管他們位置的人很容易淪為跟被替換掉的人一樣貪腐，因為若國家繼續採取尋租這種極易助長貪汙的系統來充實國庫收入，說要肅貪，根本跟喊口號沒有兩樣。

　　歐巴山糾政府在提升國家一統意識所做的努力，同樣也不怎麼成功。這方面其實在高望掌權時就已開始，歐巴山糾則接續同樣的做法。1973 年高望首創奈國青年兵役部隊 (National Youth Service Corps, NYSC)，要求全國各大學及理工學院的學生在畢業後要到各指派的地方服公職一年。這個立意良好的辦法，是想藉著把畢業生分配到自己種族／族群以外的地方，與其他種族的青年人聚在一起工作，來建立了解並包容其他族群文化與宗教的心胸與意識。而這個辦法之所以達不到預期的目標，主要是因為大學及理工院校畢業生畢竟只是奈國一部分的國民，就算他們都能因此而培養包容其他種族的意識，一年之後回到他們原所屬的種族後，不見得就能把這種包容意識加以散播宣揚。更何況有很多服役者還因此而憎恨政府，他們認為都是因為政府掌權階級自己不願做，才使他們被迫犧牲。

　　第二個歐巴山糾提升奈國一統意識的做法，就是把首都從位於奈南端的拉哥斯港市，遷到位於奈國領土中心的阿布佳 (Abuja)。如此是為了要讓國家的權力重心靠近其他區域，以便從包圍阿布佳周邊的州郡開拓出聯邦首都領土。這樣聯邦政府便

能全權控制首都區，而不像以前首都在拉哥斯時，得藉由拉哥斯州政府來管轄聯邦首都。理論上來說，這種新的安排就是要使首都阿布佳及聯邦首都區讓所有奈國人擁有❹，並代表全奈國人民。不過，後來的演變卻與這種理想越離越遠（原因見下章）。

　　穆／歐政權期間也以增設新州郡來提升國家一統意識。1976年2月歐巴山糾從現存的十二州，宣布增設七個新州，所以奈國變成十九州。少數民族把政府新設州郡視為福音，因為聯邦政府設置的「可分配共享帳戶」是按州數，同時也是按各州人口數的多寡來把此帳戶的資金分配出去的。理論上來說，增設新州能更公平公正的把聯邦政府放在「共享帳戶」的資金分配出去，所以理應能使人民更加尊敬聯邦政府的廉明，並使少數民族較不會怕多數民族會以政府為工具來進行迫害。問題是，1976年有些新增設的州是屬於原本就較富裕的奈西南區域，造成富者更富；另外，如此做法也會產生新的少數族群（別忘了，奈國總共有一百二十個以上的不同種族）。於是設立新州後，國內民眾要求再增設新州的呼聲持續不斷，直到今日，如此的訴求依然持續充斥著奈國的政治。

---

❹　原首都位於拉哥斯，那是奈國西南端的一個港都，因富庶且早開發而成為首都，但奈及利亞很大，首都在邊陲的西南端確實有些不合理，因此改為在奈國的中心位置阿布佳。如此也藉著首都的遷移使欠開發的中北部能有所發展與進步。所謂的「讓所有奈國人擁有」，意指看起來首都比較像是屬於全體奈國人的，而不像當首都是拉哥斯時，富裕的首都好像僅屬於西南部的優羅巴人所擁有。

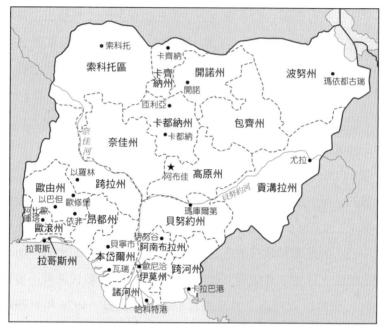

圖 26：1976 ～ 1987 年奈及利亞新增州圖

　　為了促進奈國的一統意識，歐巴山糾政權除了借助上述的物
質誘因，也透過一個耗資上千億的文化象徵活動——即本章一開
始就提及的「77 年黑人藝文慶典」。其實，這個慶典的構想與
準備事宜是好大喜功的高望開始的，那時他就已經撥出巨額的聯
邦資金來建設慶典的主要場地。輪到較剛正廉明的穆塔拉掌權
時，穆塔拉取消一切的相關建設，並且縮減與這個慶典有關的公
共工程計劃。但歐巴山糾又繼續開辦慶典的建設工作。結果，光
是依甘姆國家戲劇院（即慶典的中心，各項的文化藝術活動都在
此舉行）的興建就耗資一億四千四百萬奈拉（當時的奈拉跟美金

換算大約是 1：10，不像如今奈拉已嚴重貶值幾近 500：1）。為招待國際賓客（其中包括八個非洲國家領袖），還特別興建了由五千個單位的綜合大樓所組成、環繞國家戲劇院的費茲塔克鎮。

　　為舉辦這個慶典而興建的設施與設備，當然是為了要奈國人民能以身為奈國人為傲之外，更是為了要讓全世界的人知悉奈國的富強——因它有能力、財力建設出現代化的歐風建築。同時，在國家戲劇院所展示的各項代表奈國多元傳統歷史的文化藝術表演活動，也把奈國人集合一起，促進奈國人民的集體國家驕傲意識。

　　確實，「77 年黑人藝文慶典」在同一旗幟下，為著一統意識的促進，把奈國的多元文化集合一起，展現出來。問題是，花了多少代價呢？從很多方面來看，這個慶典雖有「演出」奈國的國家驕傲與一統，但也充分流露出奈國身為一個尋租國的窮奢極侈與貪腐。1975 年 7 月穆塔拉設立了一所調查庭，專門調查高望時代為了準備這個慶典的巨額花費。調查庭在 1976 年 5 月提出一份嚴厲的報告，指出多處花費與契約上金額不符的貪腐例證。拿國家戲劇院的建設來說，調查發現，承包的保加利亞公司 Technoexportsroy 所收取的超額利潤竟比契約上所規定的多出一千兩百六十萬奈拉。

　　慶典的工程承包契約浮誇不實，工程的品質也疏於監督，更糟糕的是，負責慶典事宜的官員還接受工程契約的回扣，靠聯邦政府的錢過著極其奢華的生活。換句話說，「77 年黑人藝文慶典」到後來變成奈國身為尋租國鋪張浪費的象徵，同時也象徵著

富者（有權取用國家資源者）與貧者（被國家忽略者）之間的鴻溝。

　　雖說大部分為了慶典的準備而濫用國庫資金的情事都是在高望掌政時發生的，但歐巴山糾政權期間造就了大部分奈民對政府的疏離感。1978 年油價創十年來的新低，油產由原本的每日兩百多萬桶降為一百五十萬桶，於是奈國的國際收支逆差直線上升。為了抵消國庫的損失，歐巴山糾便展開小規模的緊縮措施，如進口的限制、稅制的更新，以及縮編社福的花費。其中一個縮編措施導致奈國大學學費上漲，結果大學生、教授都走上街頭抗議，喊著要教育首長下臺。這種高官把錢浪費掉，到後來卻要人民來買單的做法，自然無法取得人民的認同。

　　穆／歐政權不但無法肅貪，還讓貪腐還變成奈國政府的常態。更糟糕的是，政府還以軍隊鎮壓輿論。不過，穆／歐政權期間倒是有成就一件高望做不到的事：在 1979 年把政權以民主投票的方式轉為文官統治。1979 年的大選就是四年政權轉移過程的總結。穆塔拉於 1975 年設立制憲委員會 (Constitution Drafting Committee, CDC)，此制憲會草擬的憲法於 1978 年的全國立憲議會上進行表決，如此才引導出 1979 年的聯邦及州政府的普選。

　　新憲較師法美國憲制，即三個階層的聯邦政府架構。有正、副總統，以前第一共和的總統僅是形式上的，但新憲的正副總統權力範圍就比較廣且明確。聯邦政府的立院，現稱為國民議會 (National Assembly)，由眾議院和參議院所構成，有權檢核行政部門的很多權職，如歲定經費的撥放、高階政府官位的聘任等，

而司法部門則構成政府部門的第三階層。

　　為避免第一共和時期政黨之競選造勢惡化成地區性陰謀集團活動的狀況再度發生，新憲也制定了政黨組織的新法規。如此，為了能於「聯邦選舉委員會」(Federal Electoral Commission, FEDECO) 登記立案以競選 1979 年的普選，各政黨必須盡力表明它們的「全國性」（而非只是地區性或僅代表某一族群）特質，如表示歡迎奈境內的各族人加入其政黨、總部設於聯邦首都、分部必須平均分布於不同族區等。雖然有這些規範來「確保」各個政黨都能具有「全國性」的特質，但到後來只有奈及利亞國家黨——奈國黨 (National Party of Nigeria, NPN) 真正符合新憲「全國性」的要求條件，因其領導階層涵蓋奈國三大族區：其總統候選人，薛胡‧夏葛理 (Alhaji Shehu Shagari) 是北方豪薩族人，其副總統候選人，亞列克斯‧艾庫耶嵋 (Alex Ekwueme) 是伊博族人，而其政黨秘書則是優羅巴族人，也因此奈國黨得以在選戰中獲得全國多州的選票而勝出。

　　於是，1979 年 10 月 1 日，歐巴山糾把政權轉給夏葛理，結束了奈國十三年的軍事統治，建立第二共和。但奈民很快就看出，夏葛理領導的第二共和根本達不到新憲所勾勒的「全國性」治國理念。雖然竭力避免區域或派系的利益關係左右聯邦政府的公正性，但新憲既然明定學者、教育界、公務員以及工會成員不得影響政治的程序，就表示新立政黨的領導權，很容易落入富商以及保守派的職業政客手中。這就是為什麼像阿沃羅沃、阿齊可威以及夏葛理這類，在高望及巴勒瓦內閣時期就掌有政黨領導權

的政客，很容易復出。結果奈國黨一旦掌權，其官員就利用聯邦的資源及歲入來建立其裙帶政治系統，跟第一共和時期的作法幾乎是如出一轍，於是任何其他政黨，只要是急欲獲取聯邦之財權者，就會與奈國黨結盟。

　　第二共和的裙帶政治體系和第一共和同樣的腐敗，而在1970年代軍政時期就發展起來的尋租作法，到這時期又演變得反覆無常，結果使得政府對國政的治理非常不負責任，同時也導致1979至1983年間經濟的急速衰退。如果說第一共和時代奈政府只顧奈北地區的發展及奈北人民的福祉，那麼第二共和則更糟，因它龐大的裙帶體系只是拿國家資源來養肥政客及他們的同夥，充其量只在乎要鞏固奈國黨於1983年大選時繼續連任的機會罷了。第二共和的政客們動不動就要興辦大型的聯邦政府建屋方案，他們要在每一州都蓋聯邦政府大學、教育學院、理工學院，也想在每一州都設立聯邦政府廣播臺及電視臺，而新的聯邦首都領地之建設也還在持續當中。這些建設方案意味著沉重的州政府支出，因執行方案的合約不斷的被人為的動手腳，成為政客自肥及增權的媒介，於是貪腐和尋租的作法持續進行，數百萬計的奈拉就消失在數不清的工程合約及回扣中，而這些工程要不是半途而廢，就是品質拙劣。

　　第二共和無法無天的貪腐作風，跟之前的政權一樣，也先是起因於奈國（1979年）的石油盛產。但1981年石油過剩時，油價大幅下降，奈國經濟因此陷入蕭條直到1992年。但第二共和的政府官僚不但沒有因此懸崖勒馬，並尋求根本的重建經濟之

道，反而還對外尋求金援。如此債臺高築的第二共和對於國家經濟下滑，也沒有做什麼經濟自救的動作。油產從1980年的兩百萬桶降到1983年的一百三十萬桶。1981～1983年間奈國國內生產總值按實際價值計算下降了8.5%；同時，通貨膨脹從30%上升到50%，充分顯示奈國經濟完全仰賴油產的收入。到1981年中，聯邦政府和很多的州政府已有好幾個月都無法支薪給公務員，而這樣的問題直到現在還折磨著奈國，大學、中學學校因而常罷課，學校行政人員和老師因領不到薪水而罷工走上街頭。

通貨膨脹、失業率上升，城市犯罪率也跟著上升（特別是南方的城市）；這時，利潤高的黑市也逐漸成長，特別是在與貝寧共和國接壤的邊境地帶。走私買賣之所以蓬勃發展，當然是為了逃過政府的進出口關稅管制，把貨品直接賣給國內外消費者以提升利潤。政府眼睜睜看著國家經濟陷入困境，卻又不尋求根本解決辦法，竟然找外籍移工開刀。1983年1月到2月期間，聯邦政府勒令將外籍移工驅逐出境，指稱奈國境內就是因為有太多的外籍移工搶走了奈籍勞動階層的工作機會，並且導致奈國工資標準降低，才使得奈經濟不振。當時有兩百萬的外籍移工（大部分是迦納人）被迫離境。奈政府此舉招來國際的批評，特別是西非國家經濟共同體(ECOWAS)，他們認為奈國政府這種做法違反了此經濟共同體的協定：即成員國之間當確保貨物及不同國民的自由進出。

奈民自己對第二共和政府貪汙亂治的不滿，當然也引發出報界、教育界、勞工界，甚至是宗教界的反對聲浪。這些不平的

舉動中，最暴力的要屬「梅塔欽運動」(Maitatsine Movement)，
是伊斯蘭教激進派運動。梅塔欽是穆罕默德‧瑪瓦 (Mohammed
Marwa) 的綽號，他是來自喀麥隆的移民，公然反對奈國政府的
貪汙腐敗。瑪瓦的追隨者認為，奈國政府官僚就是因為摻雜有異
教徒才會貪腐。據指控梅塔欽穆斯林走私大批武器進入開諾，州
政府試圖把他們驅逐出境，結果促使瑪瓦的追隨者展開暴動。最
後在州政府軍隊鎮壓下，超過五千人在暴動中喪生，包括瑪瓦自
己。1982 年聯邦政府正式禁止梅塔欽運動，但此組織持續延燒
到 1980 年代中期才完全被撲滅。1982 年的梅塔欽暴動引發了開
諾的宗教暴動，穆斯林把鎮上基督教區的教堂焚毀。這類暴動很
快延燒到匹利亞州及卡都納州，是奈國因宗教信仰兩極化而衝突
滋生的開端❺。

　　奈民對第二共和政權的嫌惡，執政的奈國黨全然不在乎，即
便無計可施的選民紛紛向反對黨靠攏，期盼 1983 年的大選能把
執政黨打倒，然而執政黨還是仗著它龐大的裙帶政治系統鞏固它
的權位寶座。在政府無法支薪給雇員的同時，執政黨竟然成倍的
擴增警力，而且大幅增加警力的經費，使警方擁有原來只有軍隊
才有的武器裝備。數量倍增而且還備有致命武器的警力，毋庸置
疑的又引發輿論批評，以及加深人民對第二共和的不滿。只是這
警力現在有權以暴力壓制示威抗議、威脅批評政府的報業界，甚

---

❺　梅塔欽 (Maitatsine) 是豪薩語，意思是「咒詛的人」，因為他在公共場
　　合的演說充滿了對奈國政府的詛咒，故名之。

至瓦解反對黨的集會及選戰，而這一切就為了鞏固執政黨的權力，把輿論聲浪壓到最低。

這種情況下，反對黨自然無法藉由 1983 年的大選打敗執政的奈國黨，即便後者選舉炒作、弊案連連。不過人民顯然對第二共和已經極其厭惡，人人口中現在都已喊著要軍政干預。果不其然，1983 年 12 月 31 日軍變起事，推翻夏葛理，並擁穆哈瑪杜‧布哈利少將 (Major General Muhammadu Buhari) 為元首。這個軍政權將在接下來的十五年，治理這個經濟社會日益衰退的國家。

第九章 | *Chapter 9*

民主轉型期（1984 年迄今）

第一節　民間宗教活動等 vs. 政府貪腐

　　奈國的民間社會組織如秘密社會（見第一章）、協進聯盟、
工會運動、學生聯盟及學運（見第六章）、報業協會及活動，以
及宗教組織等的社會組織，有些是奈國一誕生就有的，更有些是
早在「奈及利亞」這個國家成立之前的好幾世紀就存在的。到了
1980 年代，這些組織更是扮演著為爭取人民（組織成員）的權
益而與聯邦政府議論角力的角色。

　　布哈利、巴班吉達 (Ibrahim Babangida) 及阿巴恰 (General
Sani Abacha) 這三位軍政總統當政時以高壓統治聞名，經常以促
進社會穩定之名鎮壓批評聲浪。不過值得注意的是，這些高壓控
管的動作正是為了壓制上述民間組織發起的運動，如工會持續對
抗政府一味的仰賴石油財，而不願投資多元且永續的經濟發展之

作法（奈國失業率高，工資過低，正是起因於政府的這種作法）；而隨著奈民紛紛轉向祈求神救他們走出如此殘破不堪的國家，宗教組織（不管是基督教還是伊斯蘭教）也是蓬勃發展；一些民主促進組織也發展起來，督促政府政策透明化，以穩固公平、公開、公正的民主發展進程。而在奈佳河三角洲區（即奈國的主要石油產區）也開始有軍、政的團體組織站出來，以爭取能有更多權力掌管此區的石油財及處理環境汙染防治問題（採油公司對於採石油後對環境的破壞問題，只是隨便草率處理）。

第二節　布哈利政權（1984～1985年）

　　1983年軍變後被擁上的布哈利總統認為奈國經濟之所以不振，起因於人民缺乏守法紀律的精神，因此實行廣泛的社會改革方案，稱為「反亂紀之戰」(War Against Indiscipline)。此「戰」的目標是要培養奈民的工作倫理、愛國心、國家認同感、反貪腐、耐心、守時，以及對城市環境衛生的重視。可惜的是，此「反亂紀之戰」的效果只是表面的，更糟糕的是，這種改革完全無法解決奈民普遍窮困的問題。比方說，很多州政府利用這個所謂「重視環境衛生」的機會拆毀「違章建築」——即市井小販隨便搭蓋的簡陋店面或住屋，逼使欲於城市謀生的窮人得離開城市。這當然無法改善貧窮的問題，只是把有礙觀瞻的「貧窮」掃到比較看不到的角落罷了。

　　所以，布哈利總統的改革措施依舊沒有成功挽救經濟衰退問

題，也無法減輕社會大眾的困境。更糟的是，第二共和時代警力監督權重以致侵犯人民自由的作法，現在布哈利政權也以端正社會紀律之名繼續沿用，如此自然惹來很多民怨。雖然布哈利總統高壓禁止言論自由權，很多民間社會組織依然公開挑戰他的政策。比方說：奈國律師工會 (Nigerian Bar Association, NBA) 試圖杯葛布哈利政府用軍事審判系統來厲推法令的執行，但沒有成功；奈國學生協會 (Nigerian Association of Nigerian Students, NANS) 三番兩次抗議布哈利總統欲刪減教育補助金的舉動，最後布哈利總統竟因此全面禁止奈學會的集會活動；而奈國最大的工會組織奈國勞工大會 (The Nigerian Labor Congress, NLC) 針對政府縮減公務員薪水，以及布哈利總統的緊縮措施所造成的高失業率及工資過低議題，更是發起多次的罷工，即使布哈利政府已明令罷工為非法。

第三節　巴班吉達政權（1985～1993 年）

1985 年 8 月 27 日伊布拉幸‧巴達瑪西‧巴班吉達少將發動政變，推翻布哈利總統。巴班吉達少將推翻布哈利政權的一個主要理由，就是布哈利總統無法控制奈國的經濟問題，也不願依國際貨幣基金組織 (IMF) 的辦法來重新安排還債日期。IMF 建議奈國採取一系列的經濟改革，稱為「經濟結構調整方案」(Structural Adjustment Program, SAP)，1980 年代很多非洲的債務國都採取這個經改方案的設計來試圖穩定國內不景氣的經濟。此

圖 27：巴班吉達少將

經改方案的辦法包括：把關稅合理化、把政府的開支降低、將國有或國營的企業（如公共事業）改為民營、以終止政府補助和終止政府對物價的控制來放鬆管制，以及將貨幣貶值。布哈利總統礙於面子，認為奈國只需要他的緊縮措施就能處理外債，而不願採用 SAP 經改。

　　巴班吉達總統上任後並沒有立刻採取 IMF 的經改建議。他聰明的把這個議題丟給人民，讓他們藉由辯論來決定：到底是要接受 IMF 的貸款，然後交由 IMF 來主導國內的經改；還是別讓 IMF 介入，而把大部分監督奈國經改的工作，交由世界銀行集團 (World Bank) 來做。人民討論的結果就是，為避免奈國淪為乞丐國家的形象（即為求西方援助而讓出大部分的國家自主權），而採取第二個辦法。就這樣，1986年 1 月奈國正式交由世界銀行集團進行監督並採用 SAP 經改案，使外債償還期延至 1991 年後。

　　SAP 經改確實給奈國帶來些許的益處，如每年償債的支付款額降低，自然可減輕國庫支出的壓力；而關稅的合理化處理及奈拉幣貶值，則使進口量降低，進口降低則直接促使國內農產量及原物料產量提升的必要性。

　　但整體而言，奈國 SAP 經改是弊多於利。首先就是失業率的上升。進口量低雖能促進國內的生產，但貨幣貶值，購買國外

原物料的能力也降低，這就意味著公司必須買少一點，而造成成品的生產量降低，如此利潤也跟著降低，結果導致薪資下降，甚至裁員。而 SAP 所要求的政府放鬆經管以及政府補助的終止，則使得原本嚴酷的經濟環境，更是雪上加霜。由於政府的補助，油價才得以在人為的控制下偏低。現在補助一終止，油價上升，帶動物價也跟著上升，人民民生等各項預算上漲，因此苦不堪言。

另外，根據 SAP 經改要求，政府需節省開支，而這麼一做，社會服務和公共設施這兩環就變得更糟了。先是停電越來越成為常態，接著醫療服務與教育設施也越形衰微。漸漸的，大部分人有病不再去醫院，而改找傳統草藥師，如同回到奈國受英殖民前的社會。

整體而言，奈國 SAP 經改到頭來達不到原初設定的目標，即吸引國外投資以振興國內經濟，並鼓勵建設永續的經發方案。雖然農業有小幅的成長，但奈國大部分的外銷所得依然得仰賴石油。

奈國人民因應 SAP 經改失敗所造成的惡化困境有幾種辦法，其一是轉向宗教信仰的力量求助。面對長期無法或不願從根本改善人民生活的政府，到了 1980 年適逢基督宗教的第三波靈恩運動❶，靈恩運動為奈國人民追求社會及性靈的福祉提出宗教面向

---

❶　所謂「靈恩活動」，來源是取自基督信仰的靈恩派。「靈恩」就是如某牧師自稱擁有聖靈賜下的恩惠，能為人治病、趕鬼、甚或是解決任

的解決辦法，對人民尋求族群發展之需、身心靈療癒之需，以及今生來世功成名就之需，試圖做出一定程度的滿足或因應之道。

　　1970 年代的靈恩運動大部分仍非關政治，但到了 1980 年代，靈恩教派開始積極介入市民社會的議題，遊說奈政府積極回應基督徒族群的需要。但靈恩教派介入政治，勢必和伊斯蘭教有更直接的衝突，因奈國的伊斯蘭教組織（如「伊斯蘭事務最高議會」Supreme Council for Islamic Affairs）長久以來都一直在催促奈政府以伊斯蘭教法的治理規範來管治奈國。奈國基督教與伊斯蘭教的衝突到 1986 年來到頂點，那一年巴班吉達總統宣布奈國正式加入「伊斯蘭會議組織」(Organization of the Islamic Conference)。巴班吉達總統這個決定引起奈國基督教族群普遍的憤怒。最終，在靈恩教派組織的壓力下，巴班吉達總統不得不宣布奈國的伊斯蘭會議組織教會員資格廢置不用，如此奈國才得以免於發展成伊斯蘭教國家。但奈國基督教與伊斯蘭教的衝突從此越演越烈，特別在奈北。自 1980 年起，奈北的伊斯蘭教大眾與那裡的基督教小眾之間，流血衝突不斷。

何疑難雜症，以此來吸引更多的信眾。靈恩運動能如此活躍，主要因為奈國的一些族群如伊博族早就有「借用」祖靈力量來解決生者生活問題的傳統，因此當靈恩運動來到奈及利亞，兩者很容易融合。由於奈國政府長期腐敗，治理失當，很多民生的問題，小至就業、結婚、生子、病痛醫療、教育，大至求經濟出路等等，尤其在信仰基督宗教的南方，會在教會中呼啟聖靈（或甚至是天使）出手來相助。不過就筆者觀察，很多教會已變相的用類似這種的方法來賺錢。

　　奈民面對迅速衰頹的經濟，除了尋求宗教信仰的助力之外，另外就是到國外謀求發展與出路。越來越多具有專業技能者離開奈國，醫師、律師、工程師，以及從事買賣者，在歐美等先進國家以移民的身分尋求更穩定的工作與收入。這種技術人口外流的現象，當然也進一步造成奈國經濟的衰退。

　　沒有能力出國發展的奈民，往往訴諸抗議活動來反對政府的 SAP 經改，學運、工會、罷工活動、報社發刊抨擊——在在表露人民面對政府改革失敗而使得生活越形困苦的反抗。但所有的抗議活動都遭到政府暴力鎮壓。學會、工會等組織被迫解散，報社一度也遭到嚴密的監控。

第四節　民主轉型與 1993 年的大選

　　巴班吉達政府行事反覆無常。1985 年軍變後一上任就公布要和平轉型為民主共和政體，但一延再延，過了一段時間之後，很多人就已看出這是巴班吉達總統用來打亂民主轉型的程序的藉口，就為了要鞏固他一國之首的權位。就因為巴班吉達總統反覆無常，他的《轉型入文治之政令》(*Transition to Civilian Rule Decree*) 修改了很多遍，好幾次都取消大選。一開始他把民主轉型日期定為 1990 年 10 月 1 日，稍後又說要延到 1992 年的 10 月 1 日，之後又改為 1993 年 1 月 2 日，最後終於定為 1993 年 8 月 27 日。每次的延期往往都是因為巴班吉達總統又罷逐了某些政治人士或禁止了某些政黨的運作。

　　1989 年 5 月巴班吉達總統解除了人民自由組黨的禁令，准許組織團體向國家選舉委員會 (National Electoral Commission, NEC) 申請登記為合法政黨。有十三個團體申請，稍後委員會公布入圍的有六個，但同時也把相關的決定報告上呈給武裝部隊統治理事會 (Armed Forces Ruling Council, AFRC) 審理。結果，理事會針對這份報告提出了一些疑慮，說這些團體的「國體」❷性不足（有關「國體」的詳細解釋見第七章），而且和已受罷逐的政治人士都有些許關聯，因此又公布無法承認這六個團體的合法性。於是政府就把這十三個團體組織全部廢止，然後再以內定的人馬組織成兩個政黨：社會民主黨 (the Social Democratic Party, SDP) 和國家共和會黨 (National Republic Convention, NRC)。奈政府把社民黨定位是偏右的保守黨，而把國共黨描述為偏左的自由派。這兩個被政府「製造」出來的、與聯邦政府緊密聯繫的政黨只意味著一個事實：聯邦軍政府可以輕易左右這兩黨的行動。果不其然，此二黨既不敢與政府的政策保持距離，也不敢批評巴班吉達政府，唯恐任何的言論舉動都有可能使政府把黨解散。如此一來，原本政黨間該有的選戰競爭聲浪，彷彿被消了音。

　　不過，奈民渴望選舉的舉行，而且政府本身也在培養人民民主選舉的政治意識。巴班吉達政府的行政部門發起了「經濟復甦、自力更生，及社會正義總動員」(Mass Mobilization for Self-

---

❷　「國體」指一國之所以能成為國家的特性。奈國國體性不足，因境內的不同族群之間互斥性太強了，不團結，也不聯合。

Reliance, Social Justice and Economic Recovery)。此舉正是為了要培養人民對政府民主轉型計劃的支持，教育人民對政治進程的認識，最重要的是鼓勵他們對即將到來的普選作投票的動作。1991年巴班吉達總統順應民意增設了九州，所以奈國現在總共有三十州。這新設的九州和其餘的二十一州一樣都能參與將於 1992 年舉行的州議會、州長及國民議會的選舉。1992 年普選結果，社民黨勝出。

　　現在奈國民主轉型只剩最後一步就能成功了：即總統大選。但這最後的步驟卻出現了裂縫。有二十三位候選人出來角逐社民黨和國共黨的兩個提名人選，可是初選最後的兩名勝出時，輸掉的候選人卻吵著說競選過程遭到炒作，導致政府於 1992 年 10 月宣布初選結果無效，並取消所有候選人的資格。而總統大選就從原定的 1992 年 12 月 5 日延至隔年的 6 月 12 日。

　　最後，政府只准許兩名候選人來角逐總統寶座，一個是酋長 M. K. O. 阿比歐拉 (Chief M. K. O. Abiola)，他是優羅巴族的富商，是康科德報業集團業主，也是第二共和期間執政的奈國黨裡官員。巴班吉達政府推舉他為社民黨的總統候選人。而代表國共黨的總統候選人則是巴薛爾·托法 (Bashir Tofa)，是來自開諾州的富商。他們兩個都是穆斯林，只是不同族，一個是來自奈西南的優羅巴族人，一個是北方的豪薩族人。他們倆在 1993 年 6 月12 日的總統大選可以說是奈國史上最公開、公平，而且最平和的選戰了。有些分析家認為巴班吉達總統舉出兩個同是穆斯林的人來競選總統，就是希望他們倆會剛好均分奈國的選票而演變成

不分上下的局面。如此巴班吉達總統就能利用選舉結果所衍生出的混亂狀況，以繼續穩坐他的總統寶座。但大選的結果是阿比歐拉遠遠勝過巴薛爾，然而不願讓出總統位置的巴班吉達竟以各種荒謬藉口為由，宣告選舉結果無效。對巴班吉達總統不利的是，大部分政治人士以及大多數的選民都不同意巴班吉達總統的決定，之後爆發的抗議、暴動以及示威活動，遍布之廣、威力之大，已不是軍事鎮壓能擺平得了。

整個 1993 年的夏天，奈國瀕臨無政府狀態。很多優羅巴族積極分子開始公開談論，說如果政府不恢復是年 6 月的大選結果，那優羅巴族人所屬的奈西南地區將脫離聯邦政府。而奈東部的伊博族人也隱隱重燃比亞法拉復國的希望。於是，大部分離鄉在其他地區居住工作的移民唯恐內戰再度爆發，紛紛攜家帶眷回到他們的故鄉。

面對種種壓力，巴班吉達總統仍將 6 月 12 日的大選結果擱置，但在是年 8 月 27 日（即新總統就職日）把權力轉交臨時政府委員會 (Interim Governing Council, IGC)，以暫時緩和人民的暴動。這個臨時政府的領導人恩尼斯特・宋尼肯 (Ernest Shonekan) 是巴班吉達的朋友兼同盟，因此臨時政府的公信力及合法性倍受質疑。民主人士以為設立臨時政府的目的，應該是要將政權盡快轉交勝選的總統候選人，以利民主進程，並迎接人民期盼已久的第三共和。但臨時政府並沒有這麼做。

1993 年 11 月 10 日拉哥斯高等法院給這個臨時政府致命一擊，法院判決臨時政府不僅非法而且違憲。法院聲明：根據

1989 年憲法規定，是年 8 月 27 日之後，唯有勝選的阿比歐拉才
具有法定治理奈國的權力。不服判決的臨時政府提出上訴。如
此無能且不具合法性的臨時政府，當然成為下一個軍變討伐的
目標。

第五節　阿巴恰政權（1993 ～ 1998 年）

臨時政府裡一位野心很大的資深軍官，薩尼·阿巴恰將軍完
全不把宋尼肯放在眼裡。他在 1993 年 11 月 17 日解散了臨時政
府，自封為國家元首兼三軍總司令。阿巴恰是奈國獨立後最濫用
軍權行使暴力的獨裁者，奈及利亞有「流氓國家」的國際臭名，
也是拜他之賜。不過他剛上任時一副力懲時弊之姿，還讓民運人
士團體懷著希望。但他也很快就原形畢露，掌政後沒多久就把預
備迎接第三共和的政治機構，像是州議會、國家議會，以及去年
剛選上的州長和選舉機構全部廢止。民間社會組織不能容許這
等反民主進程的作法，1994 年 6 月 12 日（大選週年日），民運
團體再度激昂的走上街頭抗議暴動。民主聖戰團 (Campaign for
Democracy, CD) 聯合由信譽著重的政治人士領導的國家民主聯盟
(National Democratic Coalition, NADECO)，呼籲民眾支持接受去
年的普、大選結果。阿比歐拉酋長自行宣布為奈國總統，並於拉
哥斯舉行就職典禮。很多工會也同時發動罷工，結果南奈很多地
方，包括部分的產石油州，在 6、7 月時百業停工。

阿巴恰的回應迅速而且殘忍，他下令解散奈工會執行委員

會，並自行任命工會管理人。另外，國家民主聯盟也遭廢止，許多民運團體的領導人都遭逮捕。阿比歐拉當然也被捕入獄，之後阿比歐拉在曠日彌久的訴訟過程中於 1998 年逝於獄中，這也宣告了奈國第三共和的夭折。是年 8 月阿巴恰有效的使所有的民運活動從公共空間消失，有很多民運人士逃離奈國，到美、英、歐洲及其他非洲國家繼續為反阿巴恰獨裁政權而戰。

　　使奈民以及國際社會確認阿巴恰暴政獨裁之實的事件，發生在 1995 年 11 月 10 日，那天，侃・沙洛－威瓦 (Ken Saro-Wiwa) 和其餘的「歐公尼族八人」遭到處決。

　　多年來居住於油產豐富的奈佳河三角洲的少數民族憤恨不平，他們土地被榨取出的資源長期用來資助奈國和聯邦政府，但居住在三角洲的他們不但沒有因此而受惠，還繼續受貧窮肆虐；同時，在三角洲開採運作的石油公司對於鑽油所帶來的環境汙染與惡化，幾乎是無動於衷。石油洩漏對土地、水源造成嚴重環境威脅，而燃燒天然氣所造成的空汙也已達到危險指數。石油管道經常爆裂，很多無辜的路人（以及想從管道竊取石油的偷兒）因而死於非命。

　　當時大約五十萬人口的歐公尼族人居住在諸河州上，也是深受油產汙染所害的一個民族。一直以捕魚為業的歐公尼族，生計長期受到威脅，因此非常希望能擁有自己生長的土地的管理權。1990 年一位歐公尼族負責人兼政治活動人士侃・沙洛－威瓦，創立了歐公尼族求生運動組織 (the Movement for the Survival of the Ogoni People)，此組織的訴求是要為歐族人對自己生長的土

地爭取更多的自主權。1993 年歐族求生組織向巴班吉達總統和諸河州州長呈上《歐公尼族人權利法案》(*Ogoni Bill of Rights*)，提出歐公尼族在所有奈國政治機構中應有足夠的代表權，應有權多分得一些的石油收入，也應保護他們生長的環境。

　　但奈國政府對歐公尼族的要求充耳不聞，於是歐族的年輕活動分子決定訴諸暴動。歐族的起義影響石油產區的穩定，危及聯邦的歲入，也危及阿巴恰和他同夥的尋租機會。1994 年 5 月當地有四名保守派族長遭殺害，阿巴恰以此為藉口，逮捕了沙洛－威瓦以及歐族求生組織的其餘八位領導。審判他們的特殊法院壓下所有證明他們無辜的重要證據。沙洛－威瓦臨刑前的遺言是：「願上主接受我的靈魂，但這場征戰會繼續打下去。」("Lord take my soul, but the struggle continues.") 這句話成了奈國海內外民間組織對抗阿巴恰暴政的有力口號。

　　阿巴恰政權把沙洛－威瓦等八位歐公尼族政運人士處死，使奈國成為國際社會的「流氓國家」。逃離奈國的民運人士成功喚醒國際社會對這個事件的關注。這事件也促使大英國協取消奈國的會員資格。

　　可想而知，奈國在國際間的惡名，對它的經濟發展造成嚴重的負面影響。首先是石油田的外國租客紛紛抽離市場：1991 年巴班吉達政權時代奈國石油田還有三十六座石油鑽機，到了 1994 年阿巴恰暴政時代，只剩十四座。1998 年奈幣陡降到九十奈拉對一美元（奈國剛獨立時是一奈拉對一美元）。為平衡落差，冥頑不化的阿巴恰竟大量印製貨幣，結果造成通貨膨脹率高

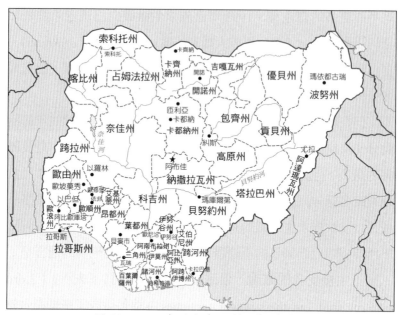

圖 28：1996 年至今奈及利亞新增州圖

達 150%，弄得民不聊生。

　　阿巴恰為了使奈民支持他的政權，在 1996 年宣布成立六個新州，使奈國變成三十六州。他還設立了一百三十八個新的地方政府行政區，甚至還讓五個政黨登記立案。只是，在阿巴恰的威脅利誘之下，這五個政黨都提名他為總統候選人，如此就可免去民主競選的程序，使他「合法」的成為下一任的共和文治總統。

　　在阿巴恰成功經過如此偽民主程序而成為下一任總統之前，1998 年 6 月 8 日阿巴恰神秘暴斃（一說死於心臟病發）。高級軍將領於是趕快把政權交給阿杜爾薩拉密‧阿布巴卡將軍 (General Abdulsalami Abubakar)。新元首一上任即解散五個傀儡

政黨，把很多被阿巴恰關在獄中的人放出，並著手政權轉移成民主共和的工作。

　　調查發現阿巴恰和他的同夥貪汙侵吞的國財非常龐大，光是阿巴恰和他的家人就盜走了高達三十億美金的國有財產，分別存在世界各地不同的銀行裡。自 1999 年起，奈政府就開始和許多歐洲國家政府協商，把阿巴恰從奈國偷走存於歐洲的錢歸還奈國。被追回的錢大部分被拿來償還奈國對外所欠的巨額外債。

第六節　和平轉移為第三共和

　　阿布巴卡領導的過渡政府很快的開放各政黨登記，一開始有二十六個團體，後來合併為三大黨，代表奈西南的民主同盟黨 (the Alliance for Democracy, AD)，由支持阿巴恰之政界人士所組的全民黨 (All People's Party, APP)，以及國體性最完全的人民民主黨 (The People's Democratic Party, PDP)。人民民主黨擁戴歐巴山糾（歐曾於 1976 年因穆塔拉遭暗殺而被推舉為總統，之後 1979 年將政權和平移轉給文官治理）為總統候選人。為了和人民民主黨抗衡，全民黨決定和民主同盟黨合作，共同推舉歐魯‧法雷 (Olu Falae) 為兩黨的總統候選人。法雷曾任巴班吉達總統的財政部長，也是 SAP 經改時期的建築設計師之一。

　　接下來的州議會、州長、國家議會以及總統大選分別在 1999 年的 1 月 9 日、2 月 20 日及 2 月 27 日舉行。四場選舉都是人民民主黨勝出。三個黨都有炒作選舉的傳聞，但人民已經受夠

了軍閥統治,因此無暇顧及此次選舉的合法與否。於是,1999年5月29日歐巴山糾宣誓就職,是為第三共和的首任民選總統,阿提庫‧阿布巴卡 (Atiku Abubakar) 為副總統。2003年歐巴山糾競選連任,打敗全奈民黨 (All Nigerian People's Party) 所推舉的前軍政獨裁總統布哈利。

第七節　歐巴山糾政權（1999 ～ 2007 年）

歐巴山糾總統執政八年,創下奈國獨立後最長的共和文治記錄,可惜的是,他並沒有建立一個穩固持續的民主系統。事實上,他能穩坐八年,也是透過政治炒作,經濟及社會問題依然持續折磨著奈及利亞。

歐巴山糾總統的經濟政策承襲 SAP 經改的辦法,他首重吸

圖 29：歐巴山糾總統

引外資,降低奈國的外債,並繼續把奈國的企業及工業民營化。他的努力達到了片面的成功,外國每年的投資額增加了,本地生產總值成長了,而奈幣仍貶值,但終究達到一百四十奈拉比一美元的穩定比例。石油雖仍是奈國國庫收入的主要來源,但非石油產業從 2004 年起已有實質的成長。電信業在歐巴山糾總統執政時也有明顯長足的擴增——這些經濟層

面的成長自然有助於奈政府償還外債。

　　不過，雖然歐巴山糾總統的經濟政策改善了外國投資客及贊助商對奈國的觀感，但奈國的貧窮問題依然非常嚴重，新工業的發展及 GDP 的成長，受益者只是少部分生活在都市區域的奈國人。事實上都市區域少數高檔街區的發展，象徵著奈國有權階級的腐敗，因為住在那裡的買辦和政府官員，以犧牲奈國貧窮大眾的權益來自肥。舉例來說，從 1991 年就變成奈國首都的阿布佳，根本不是一般奈民住得起的地方。政府的政策使這裡的住宅貴得令人卻步，而且規定人民不得在阿布佳買地蓋自己的住屋，也規定奈國走販不得進入首都街上兜售物品。這所有的努力就只是為了使首都在奈國大人物及外國顯貴的眼中看起來「純淨無瑕」。在阿布佳那些現代化且裝有空調設備的辦公室工作的公務員，被迫住在城市外圍發展出來的破舊聚落裡，每天辛苦通勤。

　　雖然 GDP 和國庫的收入有成長，公務員、教員以及大學的雇員依然常有好幾個月領不到薪水的狀況，所以歐巴山糾政權時期常有多起罷工及學校關閉的情況。公共服務業依然不理想，供電非常不穩，停電已成常態；自來水幾乎不存在，除非私人自建水廠；道路坑坑洞洞，幾乎很少維修；至於醫療保健方面，自從 1980 年代及 1990 年代政府削減這方面的預算以來，一直都沒有恢復；專業人才外流的問題依然衝擊著奈國，醫療保健人員寧可到歐美尋求較優渥的待遇。奈國醫院的醫療設備之差，讓有辦法、有資源的人（包括政界名人）寧可到國外接受治療。最有名的例子就是 2007 年兩位總統候選人，烏瑪魯・亞拉杜阿 (Umaru

圖 30：在奈及利亞機車不是個人的交通工具，而是
「公共運輸」的一部分。這種交通方式雖收費低廉
而且極具機動性，但奈國很多的路不是坑坑洞洞年
久失修，就是根本沒有鋪，機車騎士為了多賺一點，
常常逞快，結果每年乘坐歐卡達而受傷或甚至喪命
的例子層出不窮。

Yar'Adua) 和阿提庫‧阿布巴卡在競選前一個月分別飛往德、英
尋求診療。

　　整個歐巴山糾政權時期宗教衝突張力都非常大。1999 年奈
國恢復民主共和文治後，奈北大部分州郡都採用更嚴格的伊斯蘭
律法，這引起了奈國內外爭端不斷。這種嚴苛的伊斯蘭律法規
定，小偷要處以斬手，而通姦者就得受亂石打死。一個最有名
的例子發生在 2002 年，一名在索科托州名叫莎妃雅‧胡薩依妮
(Safiya Husaini) 的女子因被判犯通姦罪而判處以亂石打死的案
件。她供稱遭性侵，但伊斯蘭律法規定，得要有四個以上的證人
證實她遭性侵，否則她的供詞無效。法官的判決引發國內及國際

間的義憤。雖然胡薩依妮及諸如此類的案件後來獲得減刑（即無需面對石刑但非完全沒有懲罰），但這類案件已經導致奈北區域基督教徒與穆斯林間的衝突升溫。

　　基督教徒與穆斯林間的暴力衝突變得頻繁，甚至演變成國際事件。2002 年世界小姐選美大賽原擬定在奈首都阿布佳舉行，但因為奈北伊斯蘭世界普遍反對這個安排而發動暴力抗議，造成兩百多人死亡，選美大賽才改在倫敦舉行。抗議開始時一篇報紙文章竟表示，如果先知穆罕默德在世也會贊同這場抗議活動。長久以來奈國的穆斯林一直反對政府與西方世俗強國之間任何的合作關係。

　　歐政權時代種族間的衝突也有一觸即發之勢。1993 年的傷還未復原，特別是優羅巴族和豪薩族之間。而在東南方，伊博族人拉爾夫‧烏瓦祖魯依克 (Ralph Uwazuruike) 於 1999 年創立了「比亞法拉復國運動」(the Movement for the Actualization of the Sovereign State of Biafra, MASSOB)，旨在號召伊博族人再次為比亞法拉脫離奈聯邦體系而獨立做抗爭。2001 年聯邦政府軍鎮壓了此組織運動，把拉爾夫等領導人以叛國罪起訴。而自從 1990 年代一些反政府、反石油公司的武裝幫派，因政府及石油公司一直罔顧三角洲石油產區人民的生計、環境惡化及油財分配不公問題，而攻擊採油設備，甚至綁架三角洲區的外國人。歐巴山糾政府一直無法有效控制那裡的亂象。最有名的一個幫派是三角洲解放運動幫 (the Movement for the Emancipation of the Niger Delta, MEND)。據估計，光是 2006 年這些幫派在三角洲區所製造的動

亂與暴力，就已使石油輸出量下降了 20%。

　　歐政權下貪腐問題依然橫生蔓延。高官的貪腐亂象不說，社會大眾的日常活動裡，賄賂行為比比皆是。向公路檢查站的警察賄賂以求沒事過關，或買通公務人員以偽造文書等等。不守法的行賄也就算了，連守法的民眾常常也得被迫花錢賄賂才能通關，令人錯愕。歐巴山糾總統 1999 年上任沒多久就設立了財經犯罪委員會 (the Economic and Financial Crimes Commission, EFCC)，目的之一就是要調查且肅清公務賄賂的亂象。2006 年此委員會所追回的贓款高達五十億美元，懲治了八十多人。有些人認為歐巴山糾總統確實認真的在「肅貪」。但也有人指出此委員會本身就是利用公務而行貪腐的一個藏汙納垢的機構。歐巴山糾的評論家指出，歐巴山糾總統利用此機構的調查及懲處工作來削減他政敵的力量。最有名的例證就是，當副總統阿提庫公然反對讓歐巴山糾總統在 2007 年不用透過競選就繼續三任總統後，不久財經犯罪委員會就指控阿提庫盜用一億兩千五百萬奈拉的政府資金。阿提庫的人民民主黨黨員資格因此遭取消。不過，他也接著跳槽加入反對黨行動會黨，繼續他參與總統競選之路。

第八節　亞拉杜阿政權（2007～2009 年）

　　2007 年烏瑪魯・穆薩・亞拉杜阿 (Umaru Musa Yar'Adua) 在一場普遍認為是骯髒、炒作嚴重的大選中勝選，5 月就職成為奈國新元首。不過，讓大家刮目相看的是，亞拉杜阿並不是歐巴山

糾的傀儡。只是他在位不到兩年，就因為健康惡化到沙烏地阿拉伯接受治療，但終不治，2010 年 5 月 6 日在阿布佳過世。

他過世前六個月政府運作陷於癱瘓狀態，為免產生憲政危機，副總統古拉克‧強納生 (Goodluck Jonathan) 接任代理總統的工作。

亞拉杜阿任內積極嘗試以大赦與金錢收買的方式來綏靖三角洲的暴動。後來代理及繼任的古拉克總統延續其作法，願意投降的動亂領導，每個人每個月可領四十三美元；政府也用錢收購這些動亂者的武器，然後有更多的錢則用來投注於奈佳三角洲發展委員會 (Niger Delta Development Commission)。雷曼兄弟宣告破產及美國房市的不良貸款引發世界金融危機時，亞拉杜阿也小心監督奈國的因應策略，並於 2009 年 6 月任用桑努西‧拉密都‧桑努西 (Sanusi Lamido Sanusi) 為奈國央行的行長。出身奈北開諾州皇室的桑努西很能幹，堅定不移的紓困奈國五大行，還解聘五大行的主管。不過當他抱怨奈國國家石油公司 (Nigerian National Petroleum Corporation, NNPC) 有兩百億美元的資金不翼而飛時，2014 年 2 月古拉克總統就暫停他在央行的職務。

第九節　古拉克政權（2010 ～ 2015 年）

古拉克總統繼任總統職位時，一開始宣示要繼續前總統的策略，也說要執行「轉型議程」(transformation agenda)，俾使奈民變成富強的民族。但事實上，他內心最在乎的是 2011 年的總統

大選。出身於奈南南 ("the South-South") 的古拉克總統積極在奈南南以外擴大他的政治影響力。2011 年 1 月人民民主黨大會的總統提名，他成功的戰勝對手阿提庫，成為執政黨人民民主黨的總統提名人選。古拉克聰明的對所有人民民主黨的第一任州長承諾，他若選上總統，將提名他們續任第二任，他知道州長是控制議會的代表。

　　不過是年 4 月的大選其實比 2007 年乾淨多了，即便還是有炒作詐騙的成分。但是出身奈南、基督教背景的古拉克當選，不難想像一向與奈南敵對而且反對基督宗教的奈北出現暴動。敗選的布哈利屢屢挑釁，堅持要查驗選舉結果。還好等塵埃落定後，雖然奈國政治一向是企業成分多於公務，但一股民主的力量已漸漸生根發芽。

　　古拉克總統參選時國際油價高，所以他勝選後便力促國會通過石油改革方案：第一，移除燃料補助金；第二，克服奈國自己一直沒有煉油廠的問題❸。

---

❸　古拉克總統的石油改革方案在國際油價高時，理論上有其可行性。奈國在國際油價高時，政府的國庫收入自然增加，每州州政府（按各州人數多寡）所分配到的油財也會較多。所以，古拉克總統理所當然的以為，省下政府每年發放的補助金，人民應該還可以應付（他想把省下的錢拿來做更積極的用途，如引進國外科技人才來奈國幫助興建煉油廠）。但一直以來奈政府偏重營利且貪腐，而不從根本解決國內貧窮問題。政府拿走大部分油財，再消極的拿出一部分來作為國內燃料消費的補助金（就是人民可以少出三分之一或一半的錢買燃料），

　　為了向國際投資客表示奈政府已決心發展公平公開的民主制度，古拉克總統在 2011 年特地把當時在世界銀行任常務董事的恩格齊・歐孔糾－伊維亞拉 (Ngozi Okonjo-Iweala) 招攬回奈國任經濟協調部長。

　　奈國政府有其「主權財富基金」(Sovereign Wealth Fund)，但問題是，古拉克總統執政時期有不少影響國庫的負面因素。其一，當時巴西、迦納、東非都搖身變成石油輸出國／區域；其二，原來向奈國大量購買原油的美國在頁岩油革命後也漸漸不再需要靠輸入原油；其三，世界各地為達減碳的目標，替代性能源也穩定的發展起來。到了 2014 年油價已降到六十美元一桶，歐孔糾於是發出警告，到 2015 年國家能撥出的預算將會是四年來新低，可是石油輸出國家組織的部長們卻不同意減產。

　　國庫收入下降、預算減少的情況下，奈國政府於 2012 年除夕宣布 4 月燃料補助金正式取消（從 2006 到 2011 年的五年內補助金高達三千多兆奈拉）。雖然政府知道人民一定會反彈，但他們所沒有預期的是，整個奈國反貪腐運動及人權運動分子所發動的罷工及破壞活動的浩大聲勢。結果古拉克總統被迫在兩週內採取折中辦法。

而不是積極的拿出更多來幫助人民（如改善就業市場、創造就業機會等），一旦把補助金全盤拿掉，一定會嚴重影響民生問題（如發生在巴班吉達政權時期的情況）。如果奈國興建煉油廠，就不會一直長期以較低的價格輸出原油，再以較高的價格買進國外煉好的汽油這種賠本生意。

　　奈民如此憤怒，恐怕也源自於當時奈國的一個謠傳，傳言說從 2003 年以來的七年裡，奈國每年的經濟成長率已達 7%，於是亞洲及西方的投資客紛紛大筆投資奈國，但奈國大多數人根本感受不到絲毫生活水準的改善。

　　古拉克總統政權時期北方的一個社會之害「波可‧哈瀾」(Boko Haram) 也越演越烈。北方失業率原本就高，現在一個來自南方的古拉克當政，北方政客們眼見無法在阿布佳撈大把大把的鈔票，開始躁動不安。而北方穆斯林也深受中東、東非及薩海爾區的激進派聖戰運動影響鼓動，使托缽乞討、沒有工作技能的年輕人走入犯罪幫派。他們不再敬仰傳統、溫和派的伊斯蘭教領導人，而還活在十九世紀伊斯蘭教索科托政權過往榮耀的族群，則害怕新興的基督教靈恩派在北方滲透。「波可‧哈瀾」就是在這種不安的社會氛圍中形成。「波可‧哈瀾」字面上的意思就是「反西式教育」。這個動亂組織把所有奈及利亞的貪腐問題，與歐美的經濟勢力和基督教在奈國的發展全部畫上等號。

　　2009 年波可‧哈瀾開始與警方發生多起衝突。2011 年他們在阿布佳的聯合國大樓引爆炸彈。2013 年他們的摩托車刺客殺死了開諾州一名年長酋長的司機及他的兩名保鏢，傷了酋長。古拉克總統於是宣布東北三州進入戒嚴狀態。自波可‧哈瀾興起到 2014 年，已有好幾千人因他們的暴動失去性命或流離失所。當他們在阿達瑪瓦的齊保克 (Chibok, Adamawa) 劫持 276 名女學生時，奈國政府與波可‧哈瀾間的衝突開始引起國際關注。他們與中東、東非等伊斯蘭基本教義派組織互通聲息，使用的武器不

管是買來的還是搶來的，都比奈政府的部隊先進猛烈。古拉克總統在他的巴黎訪談之後說：「『波可‧哈瀾』已經不再只是一個恐怖組織，它的運作模式顯然已是蓋達組織的模式，『波可‧哈瀾』就是西非的蓋達組織。」

奈北中小學教育的缺乏，直接導致嚴重的失業率，也間接造就了波可‧哈瀾的肆虐，原因在於受過中等教育卻仍找不到工作的男子，則更容易因憤恨而加入波可‧哈瀾的行列。整個波可‧哈瀾的負面效應，導致奈南北愈形分歧的惡性循環——他們憤怒而且暴力的反西式教育、反基督教力量，而此二者，正是奈南（尤其是信仰基督教者）所高舉的。而奈國南北在宗教信仰、社會文化等各方面的差異分歧，正是奈國在思想意識層面難以真正一統的亂源。

古拉克總統因不願採區域輪流掌權的原則，引發執政的人民民主黨內部危機，因為其他因素的關係，到了 2013 年更是雪上加霜。一開始是七位人民民主黨的州長脫離而自行設立了新人民民主黨。到了是年 11 月其中五位州長又聯手成立了一個新的反對黨——全進步大會黨 (All Progressive Congress, APC)。2014 年 APC 在首都阿布佳的一次會議中推舉布哈利（曾於 1984～1985年軍政時期任國家元首）為總統候選人。他們寄望布哈利堅決肅貪的名聲，以及之前在他軍政掌政時期對於鎮壓波可‧哈瀾及三角洲石油產區之民兵組織的願心，企望他能達成古拉克總統所辦不到的任務。

自 2015 年布哈利當選到今天，他可有達成任何古拉克總統

無法導正的奈國之弊嗎？出身於豪薩族的布哈利總統，所謂的「肅貪」，說穿了只是把政府官僚中的他族人，換成豪薩／富蘭尼族。波可‧哈瀾和三角洲民兵的聲勢有減弱嗎？現在人民其實也無暇問這些對他們而言似乎比較遠的問題了。前古拉克總統當政人民抱怨他像無頭蒼蠅，手下貪汙他卻無能管治。但至少那時比起現在，日子還比較平安好過。如今政權交給心偏向奈北的布哈利總統，人民除了擔心越來越高漲的物價之外，也害怕奈國是否又會爆發內戰。

　　2018 年 3 月訪問奈及利亞的比爾‧蓋茲對奈國政府語重心長的點出布哈利總統的經濟政策沒有效率：

　　「若要長期穩固國家經濟，除了對基礎設施和競爭力下投

圖 31：布哈利總統與前總統古拉克交接儀式

資之外，同時也必須投資在人民身上。沒有道路、港口、工廠，人民無法蓬勃發展。但同時若沒有技術純熟的工人，也就不能建造並維持道路、港口和工廠的正常運作，遑論維持國家經濟能力了。我覺得您非常需要真正落實對奈國人民的投資。奈及利亞政府的『經濟復甦與增長計劃』必須把對人民投資這個目標設定為三大經濟發展策略目標之一。您的政策執行之優先順序，並沒有充分反映人民的需要，因您把物質資本擺在人力資本之先……」❹

　　為改善奈及利亞的醫療保健設施及資源而在奈投資了一‧六億美金的比爾‧蓋茲道出了奈政府長久以來藐視人民福利的事實。如果奈政府自始就能把境內已開鑿並賺了半個多世紀的油財好好規劃利用，而不是加以揮霍或放入私人的荷包之中，奈及利亞絕對不會是今天這般局面。這也就是為什麼出身於奈國伊博族，舉世聞名的非洲文學作家齊努亞‧阿切貝寫到他自己國家的問題時說：「奈及利亞最大的弊病，簡單直接的說，就是沒有好的領導人。奈國的水土、氣候，都沒有問題；其問題總結來說，就是領導者不願或無能擔負一國之君為其國民所應盡的職責」。

　　奈國雖是世界前幾名的大宗石油輸出國，但從 1960 年獨立建國至今，境內依然貧富懸殊、行政貪汙氾濫，如今竟淪為全世

---

❹　比爾‧蓋茲於 2018 年 3 月為了視察「比爾與梅林達‧蓋茲基金」在奈及利亞運用於小兒痲痹疫苗之購買與施打的情形而到奈國進行訪問。

圖 32：布哈利總統

界婦女生產最危險的國家。看不下去而大發慈善心腸投入一‧六億美金的世界首富之一比爾‧蓋茲，自然有權對現今奈國總統布哈利有失偏頗的經改措施道出重話。他這番話能否拋磚引玉，為奈及利亞這個貪汙腐敗了半個多世紀的國家，帶來廉潔守紀的風氣呢？相信這是奈國上下人民，以及世界上像比爾‧蓋茲這樣真誠期待奈國政經好轉的善心人士拭目以待的事。

後記與感想

　　2013 年 6 月 14 日奈國知名作家琪瑪蔓達‧恩格琪‧阿娣琪耶 (Chimamanda Ngozi Adichie) 接受英國國家廣播電臺 (BBC) 廣播專訪時,主持人丟給她的棘手問題之一是:「妳認為奈及利亞是一個國家嗎?」琪瑪蔓達和她景仰且舉世聞名的同國前輩作家——齊努亞‧阿切貝,同是奈國伊博族人。他們倆的小說作品都反映出伊博族心底深處的強烈渴望:伊博族人能有伊博族自己的國家,也就是比亞法拉國 (Biafra)。但自從 1967 ～ 1970 年間那場傷亡慘重的內戰,宣告伊博族脫離奈聯邦政府的計劃失敗後,建國便成了奈及利亞伊博族人潛伏在心底深處的一顆種子——一顆彷彿進入冬眠的種子——任何時候只要奈國的元首做的太離譜,這顆種子便會在伊博族人心中萌芽。曾是當年比亞法拉建國之智囊及推動者之一的齊努亞‧阿切貝,在其生命終了之前,如願的完成了一巨著:《曾有這麼個國家》(There Was A Country)。在這本書中他把當時內戰許多撼動人心的史實,以一個比亞法拉人的觀點,極具文學洞見地記錄下來。筆者的先生也

是伊博族人；他說，每個伊博族人骨子底層，都是比亞法拉國人。

琪瑪蔓達如何回答那個問題呢？她避重就輕的說：「奈及利亞當然是一個國家。奈及利亞問題重重，但確實是個國家。」面對國際媒體 BBC 的訪問，她自然不能否認奈及利亞的國體，即便奈國的國體一直以來備受爭議。一個「奈及利亞」人只會對一個外國人，而且是不怎麼了解奈及利亞狀況的外國人，自稱是「奈及利亞」人，但在他們自己國境內就分得很清楚了：伊博族人絕不會騙人說自己是優羅巴族人或豪薩族人，除非是為了脫離險境❶。直到現在，奈及利亞國境內的各個族群還是認為，他們

---

❶　筆者的家人住在自古以來就屬於優羅巴族之地的拉哥斯。拉哥斯這個位於奈國南端的港市因是西方殖民勢力最早進駐發展的地方之一，直到如今仍是奈國人民心中所謂「錢潮入湧之地」，因此在此可看到不同族群的人。不過，此地畢竟是優羅巴族之地，州長是優羅巴人，當警察的大多也是。

當我先生剛在拉哥斯這個人生地不熟的地方落腳時，有一次他停在路邊的車被一個倒車的人不小心撞了一個小凹洞，那人的車身也有擦痕。我先生都還沒開口跟那人理論，他竟惡人先告狀的說是我先生不該把車停在那裡，爭議於是很快開始。我先生不覺得自己有錯，於是當對方決定叫警察出面時，他也天真的說沒問題。當被找來的警察跟那人很快的以優羅巴語熱絡地談起來時，我先生才驚覺他們是同族人（在拉哥斯這個眾族雜處的城市，大多數人因不是在自己本族本鄉，與人溝通都用奈國的官方語言——英語，所以若沒有刻意問，常常很難辨認對方到底是哪一族人，因為穿著都已西化）。還好我先生機靈，趕忙打電話找來一個住在附近，而且很會說優羅巴語的伊博族朋友。他這個友人從小就在拉哥斯長大，因此說了一口流利的優羅巴語。拉

只不過是當年殖民帝國為了瓜分非洲，以人為方式畫出的疆界，獨立後勉強被歸成一國。

是什麼原因使奈及利亞境內的不同種族很難真正融合在一起呢？筆者認為主要原因之一是：早在十六世紀，奴隸就成了奈區（尤指奈南）與歐陸交易的主要資源。也就是說，為了做生意賺白人的錢，不同族之間的人就常把「非我族類」者，藉各種的技巧拐騙抓起來賣給販奴商當「商品」。如此，長達四五百年的販奴商業行為之後，不同族群之間的嫌隙，早已根深蒂固。十六世紀奈區當時的貝寧王國之所以興盛，部分原因就是藉由販賣奴隸到歐陸國家（見第二章）。

不同的宗教信仰，是另一個致使奈國境內不同族群難以相容

哥斯既是優羅巴族之地，主語自是優羅巴語。她一來聽到警察和那人的對話，就很快的也以優羅巴語熱切的和他們談起來。不消五六分鐘的工夫，警察便勸那人與我先生和解：「誰對誰錯就別計較了，好不好？反正你們倆的車子都受了些損傷嘛！」那警察臨走之前我先生學對方的做法，趕忙也塞了些小錢給他，以謝謝他把大事化小，小事化無。事後我先生問那友人，當時她對他們說了什麼。「不過就是用我的優羅巴語讓他們相信我也是優羅巴人，」她說，「騙他們說你是我的遠房親戚，因久住國外已不太會優族語，只能說英語，對拉哥斯的交通規則還不熟悉，請他們高抬貴手、息事寧人。」「不對呀！」我先生反駁，「犯錯的人是他啊！」「你以為這裡的警察真在乎誰對誰錯嗎？」她說，「若讓他發現你非他族類，要你到警察局做筆錄，到時候你要消災的錢就不會只是你剛剛塞給他的兩百奈拉，恐怕兩千奈拉都不夠呢！」

的原因。姑且不論各族原有的傳統信仰，現在奈國的兩大宗教：
伊斯蘭教和基督教，大約各擁有奈國一半人口的信眾。奈北半部
屬豪薩族／富蘭尼族領地，範圍內幾乎全是穆斯林；奈東南的伊
博族，則幾乎清一色是基督教徒，而奈西南的優羅巴族又是一半
一半。奈南之所以成為基督教的天下，當然是因為英歐傳教士在
十八、九世紀隨著英歐政府及貿易商，從奈南港口上岸傳教興學
的關係。基督信仰帶給奈南民族最大的改變，就是原來傳統視為
常態的一夫多妻制，現在因基督宗教尊崇一夫一妻，而變成極少
數（或普遍認為是落後的現象）。而傳教士在奈南興學，除了藉
教育使基督信仰的種子得以在奈南人民自幼紮根之外，也把英歐
的文史、科學、科技及商業技能等較現代化的進步力量帶到此
區，而這也進一步促成奈南與奈北越來越大的差異性。

　　奈南的基督信仰與此區西式教育的普遍密不可分，而奈北的
伊斯蘭信仰則是由商業貿易行為而廣布的。自古時從中東跨地中
海、紅海而來到東北非或西北非做生意的商隊，把伊斯蘭信仰，
因著此信仰本身教規的規定，藉由做生意而廣傳，因為伊斯蘭教
條明言規定，其信徒不得與非穆斯林做買賣。所以，可以說早期
此區伊斯蘭教的傳播，是以買賣利益為誘因。伊斯蘭教的規定及
其律法 (Sharia) 的執行，也使得伊斯蘭教一開始便與「暴力」和
「食古不化」畫上曖昧的等號。其實，它是一個嚴格要求實踐伊
斯蘭教法的宗教，目的是要端正社會風氣，所以它的原出發點，
絕非以暴力為訴求。

　　問題就出在伊斯蘭教認為唯有信奉阿拉、追隨穆罕默德者，

才是正信，任何人只要不信阿拉、不追隨穆罕默德，就是邪門歪道。《古蘭經》四章七十六節說到穆斯林必須為真道而戰：「信道者為主道而戰；不信道者為魔道而戰；故你們當對惡魔的黨羽作戰」。在五章三十三節也記道：「敵對真主和使者，而且擾亂地方的人，他們的報酬只是處於死刑、或釘死在十字架上、或把手腳交互著割去、或驅逐出境」。

　　另外一個問題，而且應該被視為比伊斯蘭教絕對論更可怕的問題，就是奈北人民普遍缺乏教育、甚至反教育的社會風氣。宗教靈修這塊需要深耕且不容淺嚐的領域，一直以來就很容易因為政經權益的理由被激進派人士所利用。從十四世紀開始盛行的奴隸買賣行為更是以伊斯蘭教規作背書。其教規規定不准逼同是穆斯林者為奴，換句話說，只要是非穆斯林，就可以抓來當商品買賣。而伊斯蘭教絕對衛教的規定，更是成為波可‧哈瀾等激進分子拿來迫害基督徒的最佳藉口。

　　波可‧哈瀾，這個前古拉克總統比喻為西非蓋達組織的武裝動亂分子，其名稱 Boko Haram 是豪薩族語，意思是反西式教育。為什麼要反西式教育呢？他們認為西式教育是由歐美基督傳教士到非洲興學而帶來的邪惡種子。他們的領袖告訴他們，奈國政府之所以個個貪腐，跟西方所謂的「進步」、「開放」脫不了關係。問題是，武力壯大後的波可‧哈瀾目中無人，連他們自己豪薩／富蘭尼族的正統伊斯蘭長老，他們也不看在眼裡。只因為在這些無法無天的波可‧哈瀾眼中，這些長老太溫和、太出世，無法對現狀提出有效的改變。

圖 33：筆者穿著奈及利亞傳統服飾照

2002 年原擬在首都阿布佳舉行世界小姐選美賽為什麼會引發奈北人民的示威抗議？鬧得兩百多人喪生後，才只好改在倫敦舉行。當時歐巴山糾政府想藉由主持選美大賽這類世界性活動來吸引外資，但選美小姐那種低胸、緊身，有時甚至僅遮住重點部位的裝扮方式，對如今仍沿用古羅馬帝國刑罰的奈北豪薩／富蘭尼族看來，就是變態、邪惡世代的表徵。直到現在奈國境內的女穆斯林依然穿戴整個蓋住頭髮及上身的罩子及長袍，有的甚至戴著把整個臉也遮住的黑長罩，連讓眼睛露出的孔洞都沒有。嚴苛的伊斯蘭 Sharia 律法規定：女性穿著必須蓋住頭髮、臉（僅露出眼睛），而且要穿長袖長袍以免手臂、腳露出，因為認為女性不把身體遮好的話會誘惑男人犯罪。

千萬別以為伊斯蘭教法所使用的一些從古流傳至今的殘忍刑罰（如通姦罪者受石刑、小偷要受剁手之刑等）是創教者穆罕默德訂定的。像石刑（把受刑人下半身埋入土中，再教唆圍觀者對其擲石直到受刑人死亡）與十字架之刑在基督教《新約》、《舊約》都有記載。十字架之刑是在耶穌誕生前的六十年左右古羅馬帝國時代就訂定的刑罰。這些古時的酷刑多有一個共通的特點，就是在眾目睽睽之下進行，其目的據說是要殺雞儆猴。但這類刑罰若觀者的良心、心智被喚醒，就會遭質疑。

《聖經》〈約翰福音〉第八章就記載耶穌如何讓原本要將一名行淫婦女以亂石打死的一群圍觀民眾，一個個摸著良心退去。當時一些法利賽人和書記官（就是當時猶太地方上的宗教領導階層）為了要讓耶穌誤入他們設的圈套，把一名犯通姦時被抓的婦女帶到耶穌面前，命令那婦女站在圍觀的民眾中間，然後對耶穌說這婦女在通姦時被逮個正著。摩西訂律法，令通姦者當受石刑。「那你怎麼說呢？」他們問耶穌。耶穌聽了沒有說話，而且彎腰蹲身開始在地上寫字。法利賽人繼續不停地要耶穌來斷案。耶穌於是說：「你們當中誰沒罪的，當可率先向這婦人擲石。」耶穌這麼一說，原本準備要丟石頭砸死這婦女的群眾一個接一個放下石頭離去，從年長的先，等到那堅持到最後的一個也走了之後，只剩耶穌和那名原本會被亂石打死的婦女（奸計不能得逞的法利賽人自然也悻悻然的走了）。耶穌對婦人說：「沒人定妳的罪嗎？」「沒有。」「好，那我也不定妳的罪。走吧！別再犯罪了。」

　　這段《聖經》的記載讓人看見，群眾極易受蒙蔽，但群眾也絕對是可教化的。

　　如今世上仍在施行石刑的國家，都是信奉伊斯蘭教的國家，奈及利亞就是其中之一，因有一半人口是穆斯林，尤其是奈北半部。但就如同扎儀娜布‧薩爾比 (Zainab Salbi) 這位在伊拉克出生長大的美國女作家所說的：「用石刑來對待一名女性，從來都不是宗教因素，而是在動盪的地區中，統治者藉由宗教為自身的

統治權建立正當性。」❷薩爾比的這番話是針對一名為了不願被逼嫁給自己不愛的人，欲與情人私奔，但最後卻遭石刑而死的年輕女子而發的。

　　伊斯蘭教國家幾乎都是一夫多妻制，這合乎他們《古蘭經》的教導嗎？《古蘭經》四章三節說：

> 如果你們恐怕不能公平對待孤兒，那麼你們可以擇你們愛悅的女人，各娶兩妻、三妻、四妻；如果你們恐怕不能公平的待遇她們，那麼，你們只可以各娶一妻，或以你們占有的女人為滿足。這是更近於公平的。

　　說真的，這個在西元七世紀穆罕默德所創的伊斯蘭教，在當時真的是「福音」；那個時代（其實到現代還是這樣）有財有勢的男人常毫無節制的娶妻納妾，孤苦無依的女子更常是他們蹂躪的對象，既是性奴隸也是奴僕。這樣的福音規勸那坐擁資源者要本乎良知、公平分配資源，而且切忌縱慾，以免淪為喪心病狂。此經文也明白記載，若一男子恐怕自己不能公平對待多位妻室的話，那最好還是只娶一妻就好，或以原占有的女人為滿足就好，別再多娶了。所以嚴格說起來，伊斯蘭教所認可的，並不是絕對的一夫多妻制，所看重的，是一個男人需要在經濟上能照顧他的

---

❷　扎儀娜布‧薩爾比除了作家的身分外，同時也是「婦女互助國際」(Women for Women International) 的創辦人。

妻兒，要娶幾個經上沒有明文限制，重點是他能否公平的照顧每個妻兒的需要。

　　筆者的先生有個生意夥伴是豪薩族人，是個穆斯林。他有三個妻子，總共為他生了十二個孩子，而他已故的哥哥有四個妻子，共有十八個孩子。他說他自從哥哥過世之後，就負擔起照養三十八個人的所有需要。一度我們家的經濟陷入困境而向他求救時，他笑著對我先生說：「你才養一個妻子、一個兒子，就搞成這樣，那如果你像我一樣，也要養三十七個人加上我自己，該怎麼辦？」

　　足見這個豪薩族人是個生意做得很成功，而且是個肯照著《古蘭經》教導來供應全家人的人。

　　可惜的是，信仰伊斯蘭教的豪薩族人及部分的優羅巴族人，絕大多數並沒有上述這位豪薩族朋友這麼成功──應該說，他們連慘淡經營都談不上。拉哥斯這個奈國第二首都，在奈國人心目中是錢潮湧進之地，但路上行乞的人數，恐怕是整個奈南地區之冠，其中絕大多數是豪薩族人。想像一下：一個生活經營成功的穆斯林，可以養活三十八個人或不止；相反的，一個經營失敗的穆斯林，可能就造就了路上的三十多名乞丐或不止。

　　上述《古蘭經》中說的理想婚姻經營狀態要求的是男人（經濟供應者）要能平等均分的供養每個妻兒。換句話說，若養不起那麼多，或不能平等分配，最好娶一個就好。如果以我們臺灣人的邏輯，可能就是乾脆別結婚別生小孩。只是，一個根本的因素是：不講究讀書識字之重要性的豪薩族人，會謹守一天五次禱告

圖 34：坐在拉哥斯馬路中央安全島上的兩名乞丐

的教規要求，但至於《古蘭經》上說什麼，連讀都無法讀，更別說是讀懂遵守了。說穿了，他們只是一味的因襲複製上一代的做法罷了。我們臺灣人在這方面的思維模式（即不結婚、不生小孩），對他們而言是詛咒、天譴。

豪薩族人在經濟分配上是個非常極端的民族。他們富的可以極富（特別是政府高官世襲者），但路上行乞的也多是豪薩族。為什麼富者不幫忙拉拔窮者呢？不都是同族人嗎？筆者認為，這跟他們的宗教觀或許有些關係。伊斯蘭教和印度教都比較傾向宿命論：富，是阿拉給的；窮，也是阿拉允許的。富的才更要小心：若富而轉貪，不再敬拜阿拉，到頭來比窮者還不如。問題是，貧富懸殊其實是政治動盪的產物，統治者只是拿著阿拉當幌子來避免人民暴動罷了。

在奈南以基督信仰為主軸的伊博族人又是怎麼樣呢？在基督

教《聖經》〈馬太福音〉有一處記載耶穌明白講到，願意幫助處逆境者，就是義人，就能進天國❸。

另外有一處說到有一個年輕人欲跟從耶穌，耶穌要他先去變賣所有的財產、分給窮人，好積聚財富在天上，然後再來跟從他。但這家產很多的年輕人聽了之後面帶愁容的走了。接著耶穌就對門徒說：「我實在告訴你們，財主進天國是難的……駱駝穿過針眼，比財主進神的國還容易呢！」

就永恆的觀點來看，基督教和伊斯蘭教同樣認為富者比窮者要過的關卡更難，但這兩個世界最大宗教的相似處僅止於此。相對於伊斯蘭教的宿命論，基督教則強調要幫助在逆境中的人或窮人，因為這麼做就是積聚在天上的財富。

不能說信奉基督教的奈國伊博族人沒有聽耶穌的話照做。在此要先來說伊博族人中間一個令人嘆為觀止的現象：只要有伊博

---

❸　〈馬太福音〉第二十五章三十一～四十節：「當人子在他榮耀裡、同著眾天使降臨的時候，要坐在他榮耀的寶座上。萬民都要聚集在他面前，他要把他們分別出來，好像牧羊的分別綿羊山羊一般，把綿羊安置在右邊，山羊在左邊。於是王要向那右邊的說：『你們這蒙我父賜福的，可來承受那創世以來為你們所預備的國。因為我餓了，你們給我吃；渴了，你們給我喝；我作客旅，你們留我住；我赤身露體，你們給我穿；我病了，你們看顧我；我在監裡，你們來看我。』義人就回答說：『主啊，我們什麼時候見你餓了給你吃，渴了給你喝？什麼時候見你作客旅留你住，或是赤身露體給你穿？又什麼時候見你病了或是在監裡，來看你呢？』王要回答說：『我實在告訴你們：這些事你們既做在我這弟兄中一個最小的身上，就是做在我身上了。』」

族生活的聚落，就一定比較有華屋貴車。拿拉哥斯為例，拉哥斯是優羅巴族人的聚居地，但因為是港口所在，奈國各族中最積極尋求發展的伊博族人很多都到這裡來做買賣，甚至也在此買地、蓋店面、蓋自己的屋宅。伊博族生活區域則是在奈東南部❹。

　　拿伊莫州為例。生性愛整潔、重視衛生、積極營生賺錢回老家蓋華美房舍、極力發展市鎮功能的伊博族把伊莫州經營的頗為完善，結果成為 BBC 推薦的全奈國唯一有觀光價值的一個州。奈聯邦政府特別偏袒伊博族人嗎？絕對不是。讀者這一路看到這裡，加上上一章末了比爾·蓋茲對奈政府的一番話，就知道奈國政府根本不管人民死活。伊博族人的錢都是他們自己辛苦掙來的，伊博族人不僅到環境髒亂的拉哥斯賺錢，有的伊博族人甚至到英、歐、美、亞、澳等已開發的國家收購當地二手物資，貨櫃運回奈國賣。

　　國體制度相對比較好的地方，如我們臺灣，人民積極的參加普、高、國考，好進入公家機構工作，這是因為臺灣的政治相對穩定很多。現在我們還跟美國一樣，年老的、失業的、貧苦的還可有政府補助。但像奈及利亞建國至今國體制度依然不健全的國家，只求政府不剝削人民就萬幸了，還指望什麼政府補助呢？所以像伊博族這樣渴求在故鄉擁有自己的地、蓋華屋以光宗耀祖的

---

❹　在奈國伊博族多居住在伊莫州 (Imo)、阿比亞州 (Abia)、阿南布拉州 (Anambra)、艾伯尼州 (Ebonyi)、伊努谷州 (Enugu)；另外諸河州、三角州 (Delta)、克基跨河州 (Kogi Cross Rivers) 也有伊博族分布。

民族，自然得向外發展。拉哥斯街上一家家店面賣的都是從國外運回的衣物、包包、鞋子、日常用品等，店員往往就是把這些貨品運回者的妻兒或親戚。

政府不幫他們，那遇到困難的時候怎麼辦？沒錯，找教會。伊博族人把所有大大小小的問題都帶到教會去：辦理出國簽證被拒、籌不出錢出國、在海外收購運回奈國的貨清關遭遇攔阻、適婚年齡找不到對象、交往的對象合不合神的心意、結了婚生不出孩子、產檢醫生說胎位不正、得了不治的怪病，這些都找教會。聽起來不可思議是嗎？來看看在奈國教會中你會目睹的場景吧：

> 牧師：某某某你第一次來我的教會是嗎？
>
> 某人：是。我聽我鄰人說或許我可以來這裡找到問題的解決辦法，所以我就來了。
>
> 牧師：你的貨賣得的錢全數神秘消失，是嗎？
>
> （說到這裡這個人會驚訝的沉默不語，只以點頭表示牧師說對了。因為他首次來到這個教會，牧師竟然就能說出他的問題。）
>
> 牧師：拿走錢的人是跟你很親的人。他昨天還跟你一起用晚餐哦！
>
> （這時這個人可能會眼睛失焦，因為既驚訝又覺得難過的難以相信。）
>
> 牧師：會後請到我辦公室找我。

　　上述這個例子問題出在人的背叛，但在奈國你還會聽到問題是出在祖先所拜過的某神祇，或甚至是魔鬼的作弄。不語怪力亂神的人可能會嗤之以鼻，但如果親眼目睹一個好端端的人在被牧師或先知灑了聖水之後，突然間以超乎人力作用——確定沒有吊鋼絲——倒在地上不斷痛苦的翻轉（典型的趕鬼場景），你會怎麼想呢？

　　《聖經》的《福音書》以及〈使徒行傳〉裡早有記載耶穌及耶穌的門徒為人治病趕鬼的事蹟。我們臺灣人不讀《聖經》或把《聖經》當作神話的，自然認為這是子虛烏有，可是對把《聖經》當事實的伊博族人來說，不能給人醫病趕鬼、解決生計問題的教會，就是沒有用的教會。奈南部的基督教人口區，可以說到處都有教會，這家教會的牧師先知不能解決問題、不能給人治病趕鬼，人們就往別的教會試試看，直到找到解決辦法為止。

　　有些問題是牧師當場藉「神」力就能解決，也有些問題是牧師需要信眾能聽話照做的，比如說捐錢給孤兒院，或把錢發給一個個的乞丐。耶穌說，以物資幫助窮人，就是積聚財富在天上，有財富在天上了，才能跟隨耶穌。耶穌沒說幫助孤兒、乞丐，問題就能解決。對伊博族人來說，問題獲得解決比跟隨耶穌重要呢？還是問題解決了，等於跟隨耶穌？

　　依筆者的觀察，就如同伊斯蘭教義的精髓沒有真正落實在北方豪薩／富蘭尼族人以及部分南方優羅巴族人的生活中一般，基督教的精髓也沒有具體顯現在伊博族人的生活裡。自西元 1100 年伊博族群形成之初，他們就有崇拜神示的信仰習慣；長久以

來，把生活中的重大決定還有生存、生計、健康，甚至是如何對抗敵人的詛咒——伊博族人是非常屬靈的民族——帶到神示所以藉神力尋求解決辦法，早已是伊博族人生活的一部分。到基督傳教士跟著殖民政經等力量把基督信仰帶到奈南，甚至到現在已經變成主流宗教之後，伊博族人就沿用先前「使用」神示所的模式來「使用」基督教會。正好耶穌也說過：「你們奉我的名求，無論求什麼，我必成就。」

　　自古至今一向採分權制的伊博族人，每一宗族都有一個或數個神示所，各個宗族依其個別信奉的神示所所供奉神祇的指示，做法會有所不同，但仍共有一樣的語言與文化；可以說，這種分權制度比較近乎現代的民主共和制度，伊博族人也因此比較能接受基督文明帶來的突破現狀、追求進步的動力。

　　反觀自古以來就習慣中央集權制的奈北，加上這塊土地上的人民信奉的又是近宿命論的伊斯蘭教，可以說千百年來就因襲傳承著堅固難破的封建做法。從殖民時期英歐人士與奈北民族接觸後，就流傳著一個奈北人典型化的故事：一英籍人士眼見接待他的酋長的八位妻子每天都得到河邊取水，甚是辛苦，於是建議這位財勢皆不缺的酋長引進幫浦，安裝在他的大庭院裡，省得他的妻子們每天辛苦的到河邊取水。不料這酋長竟謝絕他的好意，說：「你把她們打水的工作免去了，那多出來的那麼多時間，她們做什麼呢？」

　　同樣的建議聽在奈南伊博族人的耳中，就成了一個解決問題的方案，而釋放出來的時間，正可以把妻子送回學校，幫助妻子

達成完成學業的夢；然而，對寧可維持封建秩序的北方豪薩／富
蘭尼族人來說，如此會演變成丈夫無法有效控管妻、奴的夢魘。
雖受過西式高等教育，但出身於保守北方的塔發瓦・巴勒瓦是這
麼說的：

> 在奈北推行西式教育的作法可以說自一開始「奈北政
> 府」就故意小心防避，一方面為了維持現狀……一方面也
> 是為了避免像南方一樣養出一個造反的世代。

巴勒瓦是奈及利亞 1960 年獨立建國後的第一任總理，他身
為掌有實權的國家領導人，卻把自己國土上較開放、接受西式教
育、追求進步的那一方的民族看成是「造反的世代」！可以想像
巴勒瓦以及繼任的多位來自北方的總統，會是怎麼對待南方這塊
蘊藏國家財庫命脈——石油——的土地上頭的人民。不幸的是，
歷任的奈國領導人，除了 2010 ～ 2015 年的古拉克以及 1999 ～
2007 年的歐巴山糾是南方人之外，其餘幾乎清一色是北方人。
當年獨立時巴勒瓦在就職致辭之中感謝英國的配合，是有玄機
的，因為英國當時選擇把權力交給來自北方的巴勒瓦，弄得來自
南方的阿齊可威只是有名無實的總統。

為什麼英國政府擁護較不能接受英歐教育體系（但也較為聽
英國政府的話）的北方民族，而比較防開放求進的南方部族呢？
這問題的答案，奈國人普遍都知道，只是不知為何沒有記載在奈
及利亞史書裡：伊博族素有「非洲的猶太人」的封號。他們像猶

太人一樣非常會賺錢、累積經營財富，而英國很不願意看見這世上有另一個以色列國興起。這另一個以色列國，就是伊博族人想要建立的屬於伊博族人的國家——比亞法拉國。英國為了能在奈及利亞獨立建國後仍便宜的享用奈地的資源，英國政府藉著鼓吹奈北人民支持他們的子弟從軍，直接將權力給奈北。如此，伊博族人成為奈經濟前線的主力，而奈軍校則擠滿了豪薩子弟。獨立後，奈及利亞族群之間開始起猜疑衝突時，英國政府便唆使掌軍權的豪薩族發動軍變。當時任奈東首長的歐糾庫，眼見在北方的伊博族人於軍變中遭受屠殺，便發動伊博族人組織比亞法拉國從奈聯邦獨立出來建國。接下來的事讀者已知，即 1967 ～ 1970 年間的內戰。如若比亞法拉建國成功，伊博族絕不會再繼續讓英國堂而皇之的享用奈南的資源，尤其是石油。所以奈及利亞獨立時，英國把軍政權給豪薩族，無非是要使南方的伊博族人無軍力以建國，可以說是陰險的一招。

　　到如今奈及利亞這塊土地上的人民（特別是伊博族人），依然痛恨西方殖民帝國為了殖民統治的方便，把這麼多民族性迥異，而且互不相容的不同民族強迫劃為一國。可以想像蛇、蠍、龜、鱉被強迫關在同一個籠子的景象嗎？這也就是為什麼琪瑪蔓達‧恩格琪‧阿娣琪耶必須承認奈及利亞問題很多。而面對這麼多的問題，奈及利亞人民也鍛鍊出相當程度的抗壓能力，伊博族人照樣想辦法出國求發展，照樣開店的開店；優羅巴族男人照樣做警察（現在也有女性了），女的照樣忙著清關，賺那些把貨從國外運回的伊博族人的錢；豪薩族人當軍／官的繼續當軍／

官,當乞丐的繼續當乞丐;路上照樣有很多人把貨頂在頭上沿街叫賣(在租不起店面之前,很多人是這樣熬過來的)。

奈國有人詼諧的說,大概只有在眾人齊聚一堂觀賞足球比賽❺的時候,才有「奈及利亞人」;那時大家才會不分你我是哪一族人,共同的為他們熱烈擁護的奈及利亞足球隊加油。

比爾‧蓋茲說得不錯:只有當奈國政府願意把人民當人看、以人為本、把投資優先放在人民身上,奈及利亞才有希望走出重重的問題。只是,現任的布哈利總統聽得進去嗎?

---

❺ 奈國人非常熱愛看足球賽,但在奈國不是每個人都買得起大螢幕電視享受看現場足球轉播賽的癮的,而且奈國常常會沒電,三餐不一定都有著落的情況下,也不是人人都有那種為了看足球賽而買汽油發動發電機來看電視的財力。何況發電機也不是人人買得起。所以有人就想到一個妙招:租一個地方,買發電機,買至少三臺普通大螢幕電視,收取人人都付得起的費用,讓喜愛看足球賽的人進來大家一起看。

附　　錄

大事年表

1807 年	英國廢除奴隸販賣制度（不過，奴隸販賣在奈南的港口仍繼續進行了四十年）。從這一年開始棕櫚油以及其他「合法」商品的買賣逐漸擴展。
1833 年	歐由帝國徹底解體，奈南優羅巴諸國開始了十六年的動亂與戰爭。
1841 年	「第一次的奈佳遠征」：首次歐洲人與奈區人士聯合起來到奈區內地傳播基督宗教。1846 年「教會使命協會」(Church Missionary Society, CMS) 的傳教士在阿比歐庫塔建立一所教堂，從此基督教首度在奈南開始快速傳播。
1861 年	英國吞併拉哥斯，並將之立為皇家殖民地。
1885 年	奈及利亞東南部成為英國的「石油河領地」。1893 年改名為「奈佳河岸領地」。
1886 年	「皇家奈佳公司」的成立，從此奈佳河盆地的所有貿易由此公司壟斷，直至 1900 年此公司之契據遭撤銷為止。
	簽訂和平條約，結束奈區西南部優羅巴族人之間的長期爭戰。
1887 年	歐坡堡的佳佳王因公然反抗英國的保護條約，遭放逐於西印度群島。
1893 年	奈西南部的優羅巴族各邦國國土成為英國領地。
1894 年	貝寧河區的伊切克立酋長拿納因阻礙英國進入內地市場，遭英國罷免放逐。
1898 ～ 1899 年	艾庫梅庫地下反抗運動組織反抗皇奈公司及英國的殖民統治。

1900 年	英屬奈南領地、奈北領地的設立。
1903 年	奈北領地的擴張全部完成，英國勢力已征服索科托‧哈里發政權。
1908 年	由賀伯特‧麥考雷發起抗議繳納自來水費活動。
1912 年	「奈南公務員聯盟」的設立，後更名為「奈及利亞公務員聯盟」。
1914 年	奈南北領地合併。
1914～1918 年	第一次世界大戰，奈區派軍隊協助英國作戰。
1920 年	「英屬西非國會」的設立。
1923 年	《克里弗憲法》制定，奈區各區首度允許由選舉當選之代表治理。
1925 年	「西非學生聯盟」設立。
1929 年	「婦女之戰」又稱「阿巴暴動」，此乃為反抗英國於奈南的間接統治所發起的大型抗爭。
1931 年	「奈及利亞教師工會」設立。
1934 年	拉哥斯區青年成立拉哥斯青年運動黨。1936 年改名為奈及利亞青年運動黨。
1944 年	阿齊可威成立「奈及利亞及喀麥隆人國家議會」，推動奈及利亞獨立，脫離英國殖民統治。 同年蘭索美－庫提設立「阿比歐庫塔女士會」，此組織後來更名為「阿比歐庫塔婦女聯盟」，為推動婦女運動的翹楚。
1945 年	奈及利亞工會組織大型的罷工，造成百業停擺。此次罷工加速經濟的改革，催生了第一次的「十年計劃」。

1946 年	《理查憲法》制定，規定組織中央立法機關，並將奈及利亞分成奈西、奈東、奈北。
1948 年	第一所大學於奈及利亞的以巴但設立。
1949 年	「北方人民國會」在塔發瓦‧巴勒瓦、阿米努‧開諾、及阿瑪杜‧貝羅領導下建立。
1951 年	修改《理查憲法》，制定《馬克弗森憲法》，使奈及利亞又向獨立邁進一大步。同年「行動組黨」（大部分為優羅巴族人所組成）在歐巴非密‧阿沃羅沃領導下成立。
1954 年	制定《利托頓憲法》為奈及利亞建立了聯邦系統政府。
1956 年	奈佳河三角洲區發現石油。
1957 年	奈東部及西部完成地區自治政府的設立。
1959 年	奈北部完成地區自治政府的設立。
1960 年	10 月 1 日奈及利亞脫離英國殖民統治獨立。
1963 年	奈國成為共和政體，總統只是象徵性的國家元首。
1966 年	1 月 15 日發生軍事政變，推翻共和國，由約翰‧阿吉義－伊朗西少將就任國家元首。 7 月 29 日發生反政變，國家元首換成亞庫布‧高望將軍。
1967 年	5 月 30 日歐糾庫宣布奈東區成為獨立主權的比亞法拉共和國。 高望把原本的三個行政區變為十二州，從此增設州數的呼聲便頻頻發起。

1967～1970 年　　發生聯邦軍政府軍隊與比亞法拉獨立派軍隊之間的內戰。1970 年 1 月 12 日比亞法拉投降，內戰結束，比亞法拉重新併入奈及利亞領土。

1971 年　　奈國加入石油輸出國家組織。

1973 年　　石油價格攀升，自此奈國政府歲收倚賴石油的輸出，導致浮誇的發展方案、官員貪污腐敗、公帑管理不善。

1975 年　　7 月 30 日發生政變，推翻高望政權，穆塔拉‧穆罕默德將軍成為國家元首。

1976 年　　2 月 13 日一場不成功的政變事件中，穆塔拉‧穆罕默德遭暗殺。歐魯瑟昆‧歐巴山糾中將接任國家元首。

1979 年　　政權交由文官統治為軍事政變首次願意轉交政權者。繼任的是由薛胡‧夏葛理為總統的第二共和國。第二共和政體所統轄的奈國經濟已變成石油破產，奈國變成負債國家。

1983 年　　12 月 31 日發生的軍事政變推翻了第二共和，穆哈瑪杜‧布哈利少將成國家元首。布哈利統治期間堅決肅貪，實行節約，但仍無法改善下滑的經濟。

1985 年　　8 月 27 日巴班吉達少將推翻布哈利政權。在巴班吉達的治理下，奈國經濟持續下滑。

1993 年	6 月 12 日總統大選勝選的是出身於奈西南地區的優羅巴穆斯林 M. K. M. 阿比歐拉酋長。但不久此選舉結果被宣布無效，使整個國家陷入混亂。
	8 月 27 日巴班吉達把政權交給由恩尼斯特‧宋尼肯為首的臨時政府委員會。
	11 月 17 日薩尼‧阿巴恰將軍推翻了臨時政府，成為國家元首。
1994 ～ 1998 年	在阿巴恰治理下奈國變成國際流氓國家。阿巴恰拒絕承認 1993 年 6 月 12 日的大選結果，並以暴力與炒作鎮壓反對意見。
1995 年	侃‧沙洛－威瓦以及其他的歐公尼族八人遭處決。此事件標誌阿巴恰的暴政，並引發國際的抗議與譴責。
1998 年	阿巴恰神秘暴斃，政權轉入阿杜爾薩拉密‧阿布巴卡將軍手中，在其佈置下，政權迅速轉為文官掌理。
1999 年	在歐巴山糾總統的領導下，開始了第三共和政體。
2006 年	全國人口普查，奈國人口超過一億四千萬。
2007 年	5 月 29 日烏瑪魯‧亞拉杜阿總統就職，這是奈國獨立以來，首次政權由文官之間和平轉遞。
2009 年	亞拉杜阿總統因健康問題不適掌政，要求他下臺的呼聲越來越高。

2010 年	5 月 6 日病榻纏綿的亞拉杜阿總統過世。由當時已代理國政的古拉克‧強納生繼任為總統。 10 月 1 日舉國慶祝獨立五十週年，但因發生於首都阿布佳的兩起汽車爆炸案，歡慶活動受阻。
2011 年	政府調高基本薪資，由每個月七千五百奈拉（約二十一美元）調整為一萬八千奈拉（約五十美元）。
2014 年	奈及利亞國內生產毛額 (GDP) 超越南非共和國，成為非洲第一大經濟體。 4 月中旬波可‧哈瀾綁架波努州其波克鎮兩百七十六名政府女子中學學生，並以販賣做女奴要脅奈國政府以人質換回監獄黨羽。 5 月美國白宮派遣精銳部隊協助奈國政府偵查波可‧哈瀾組織據點。
2015 年	3 月奈及利亞恐怖組織波可‧哈瀾（又稱博科聖地）宣布效忠激進組織「伊斯蘭國」(IS)，並更名為「伊斯蘭國西非省」(Islamic State West Africa Province, ISWAP)。 布哈里當選總統，在就任儀式中強烈表達打擊貪腐及清剿恐怖組織的決心。
2016 年	遭逢國際原油價格大跌，以及產油區的地方游擊隊破壞輸油管設備，導致原油出口量遽減，經濟衰退，國內通貨膨脹嚴重。
2017 年	1 月奈及利亞與我國斷交，即日起與中華人民共和國建交，我國駐奈代表處遭迫更名、遷出首都阿布佳，搬至拉哥斯。

2018 年	6 月奈及利亞中部高原州爆發農牧民衝突，雙方為了爭奪土地資源，並引發穆斯林及基督徒間的摩擦，造成兩百多人死亡。
	波可‧哈瀾為爭奪波努州首府瑪依都古瑞，頻繁攻擊周邊村落及軍事基地，數百居民被迫逃離。
	12 月 29 日前總統薛胡‧夏葛理（於 1979～1983 年間執政）與世長辭。
2019 年	全國人口普查，奈國人口超過二億五百萬。預估至 2050 年人口將達三億，並超越印度成為世界上人口第三多的國家。
	2 月布哈里總統以 56％得票率連任當選總統，於五月舉行就職典禮，其任期可至 2023 年，且其所屬政黨全民進步黨國會選舉，參、眾議院席次皆過半。
	4 月 17 日哈布里總統簽署調高資本工資新法，由原有一個月的一萬八千奈拉，增加為三萬奈拉（約八十三美元）。
	12 月國際對抗飢餓組織 (Action Against Hunger) 的工作人員遭恐怖組織伊斯蘭國西非省綁架，並有多名人質遭殺害。

2020 年　　　2 月底奈及利亞出現首起新冠肺炎確診病例，至 4 月已累積確診病例近千例，並造成二十八人死亡。

2 月奈國在美國政府協助下，追回前總統阿巴恰竊取自國庫一筆高達三億八百萬美元的巨款。根據統計，目前累計從英、每、法與瑞士等國追回與阿巴恰有關的資金已高達九億八千萬美元。

5 月西北部地區部分村落遭到武裝牧民攻擊，造成多人喪生。

6 月波努州遭伊斯蘭國西非省恐怖組織襲擊，一村落遭夷為平地，當地聯合國人權中心遭破壞。

7 月奈及利亞實驗室研發出新冠肺炎快篩檢測；月底東北部查德湖地區村鎮遭遇恐怖攻擊，數百人遭挾持。

8 月 2 日波努州當局下令軍隊護送難民返回家園，遭伊斯蘭國西非省恐怖組織襲擊，數百居民遭俘虜。

參考書目

1. Achebe, Chinua. *The Trouble with Nigeria* (Enugu: Fourth Dimension Publishing, 1983).
2. Adeboye, Olufunke. "Elite lifestyle and consumption in colonial Ibadan," in *The Foundations of Nigeria: Essays in Honor of Toyin Falola*, ed., Adebayo Oyebade (Trenton, NJ: Africa World Press, 2003).
3. Adeleye, R. A. *Power and Diplomacy in Northern Nigeria, 1804–1906: The Sokoto Caliphate and Its Enemies* (New York: Humanities Press, 1971).
4. Adeleye, R. A. "Hausaland and Borno, 1600–1800," in *History of West Africa.*
5. Afigbo, A. E. *The Warrant Chief: Indirect Rule in Southeastern Nigeria, 1891–1929* (London: McMillan, 1976).
6. Afigbo, A. E. "Sir Ralph Moor and the economic development of southern Nigeria: 1896–1903," in *Nigerian History, Politics and Affairs: The Collected Essays of Adiele Afigbo*, ed. Toyin Falola (Trenton, NJ: Africa World Press, 2005).
7. Ajayi, J. F. A. and Robert Smith, *Yoruba Warfare in the Nineteenth Century*, 2nd ed. (Cambridge: Cambridge University Press, 1971).
8. Ajayi, J. F. A. *The Christian Missions in Nigeria, 1841–1891: The Making of a New Elite* (Evanston, IL: Northwestern University Press, 1965).
9. Alabi, Raphael A. "Late Stone Age technologies and agricultural beginnings," in *Precolonial Nigeria: Essays in Honour of Toyin*

Falola, ed. Akinwumi Ogundiran (Trenton, NJ: Africa World Press, 2005).

10. Alogoa, E. J. "The Niger Delta States and their neighbors, 1600–1800," in *History of West Africa*.

11. Aluko, S. A. "How many Nigerians: an analysis of Nigeria's census problems, 1901–1963," *Journal of Modern African Studies 3*, no. 3 (1965).

12. Ananaba, Wogu. *The Trade Union Movement in Nigeria* (New York: Africana, 1970).

13. Anifowose, Remi and Tunde Babawale, eds., *2003 General Elections and Democratic Consolidation in Nigeria* (Lagos: Frankad, 2003).

14. Apter, Andrew. *The Pan – African Nation: Oil and the Spectacle of Culture in Nigeria* (Chicago: University of Chicago Press, 2005).

15. Awolowo, Obafemi. *Awo: The Autobiography of Chief Obafemi Awolowo* (Cambridge: Cambridge University Press, 1960).

16. Ayandele, E. A. *The Missionary Impact on Modern Nigeria, 1842–1914: A Political and Social Analysis* (New York: Humanities Press, 1967).

17. Azikiwe, Nnamdi. *My Odyssey: An Autobiography* (London: C. Hurst, 1970).

18. Berry, Sara S. *Cocoa, Custom, and Social – economic Change in Rural Western Nigeria* (Oxford: Clarendon Press, 1975).

19. Bourne, Richard. *Nigeria: A New History of a Turbulent Century* (London: Zed Books, 2015).

20. Bovill, Edward William. *The Golden Trade of the Moors* (Oxford: Oxford University Press, 1958).

21. Bradbury, R. E. *The Benin Kingdom and the Edo-speaking Peoples of Southwestern Nigeria* (London: International African Institute, 1957, 1970).

22. Chuku, Gloria. *Igbo Women and Economic Transformation in Southeastern Nigeria, 1900–1960* (New York: Routledge, 2005).

23. Coleman, James S. *Nigeria: Background to Nationalism* (Berkeley: University of California Press, 1963).

24. Cookey, Sylvanus. *King Jaja of the Niger Delta: His Life and Times, 1821–1891* (New York: NOK publishers, 1974).

25. Cronje, Suzanne. *The World and Nigeria: The Diplomatic History of the Biafran War 1967–1970* (London: Sidgwick and Jackson, 1972).

26. Crowder, Michael. *The Story of Nigeria*, 3rd ed. (London: Faber and Faber, 1973).

27. Crowder, Michael. *The Story of Nigeria*, 4th ed. (London: Faber and Faber, 1978).

28. Crowder, Michael. *West Africa under Colonial Rule* (London: Hutchinsons, 1968).

29. Dalila, Toyin and Julius Ihonvbere, *The Rise and Fall of Nigeria's Second Republic, 1979–1984* (London: Zed Books, 1985).

30. Dike, K. O. *Trade and Politics in the Niger Delta, 1830–1885* (Oxford: Clarendon Press, 1956).

31. Dudley, J. B. *Parties and Politics in Northern Nigeria* (London: Frank Cass, 1968).

32. Ekechi, F. K. *Missionary Enterprise and Rivalry in Igboland, 1857–1914* (London: Frank Cass, 1979).

33. Ekundare, R. Olufeni. *An Economic History of Nigeria, 1860–1960.*

34. Esedebe, P. Olisanwuchi. *Pan-Africanism: The Idea and the Movement, 1776–1991*, 2nd ed. (Washington, DC: Howard University Press, 1994).

35. Essien, Effiong. *Nigeria under Structural Adjustment* (Ibadan: Fountain Publications, 1990).

36. Falola, Toyin and Paul E. Lovejoy, eds., *Pawnship in Africa: Debt Bondage in Historical Perspective* (Boulder, CO: Westview Press, 1994).

37. Falola, Toyin and G. O. Oguntomisin, *The Military in Nineteenth*

Century Yoruba Politics (Ile-Ife: University of Ife Press, 1984).

38. Falola, Toyin ed., *Pioneer, Patriot and Patriarch: Samuel Johnson and the Yoruba People* (Madison: University of Wisconsin – Madison, African Studies Program, 1991).

39. Falola, Toyin, A. Ajayi, A. Alao, and B. Babawale, *The Military Factor in Nigeria, 1966–1985* (Lewiston, NY: Edwin Mellon Press, 1994).

40. Falola, Toyin ed., *Britain and Nigeria: Exploitation or Development?* (London: Zed Books, 1987).

41. Falola, Toyin. *Politics and Economy in Ibadan 1893–1945.*

42. Falola, Toyin. *Nationalism and African Intellectuals* (Rochester, NY: University of Rochester Press, 2001).

43. Falola, Toyin. *Development Planning and Decolonization in Nigeria* (Gainesville: University Press of Florida, 1996).

44. Falola, Toyin. *Economic Reforms and Modernization in Nigeria, 1945–1965* (Kent, OH, and London: Kent State University Press, 2004).

45. Falola, Toyin and Matthew M. Heaton, *A History of Nigeria* (Cambridge: Cambridge University Press, 2014).

46. Falola, Toyin. *Violence in Nigeria: The Crisis of Religious Politics and Secular Ideologies* (Rochester, NY: University of Rochester Press, 1998).

47. Flint, John E. *Sir George Goldie and the Making of Modern Nigeria* (London: Oxford University Press, 1960).

48. Forrest, Tom. *Politics and Economic Development in Nigeria* (London: Taylor and Francis Group, Np).

49. Freund, W. M. *Capital and Labor in the Nigerian Tin Mines* (London: Routledge and Kegan Paul, 1981).

50. Freund, W. M. "Labor migration to the northern Nigerian tin mines, 1903–1945," *Journal of African History 22* (1981).

51. Graf, William D. *The Nigerian State: Political Economy, State Class and Political System in the Post-colonial Era* (London: James Currey, 1988).

52. Haruna, Hakeem B. *Shari'ah under Western Democracy in Contemporary Nigeria: Contradictions, Crisis, and the Way Forward* (Ikeja: Perfect Printers, 2002).

53. Heussler, Robert. *The British in Northern Nigeria* (London: Oxford University Press, 1968).

54. Hiskett, Mervyn. *The Development of Islam in West Africa* (London and New York: Longman, 1984).

55. Hiskett, Mervyn. *The Sword of Truth: The Life and Times of the Shehu Usman dan Fodio* (New York: Oxford University Press, 1973).

56. Hopkins, A. G. *An Economic History of West Africa* (New York: Columbia University Press, 1973).

57. Horton, Robin. "Stateless societies in the history of west Africa," in *History of West Africa*, vol. I.

58. Hunwick, John O. "Songhay, Bornu and Hausaland in the sixteenth century," in *History of West Africa* (London and New York: Longman, 1984).

59. Ikeh, Giddy. *Nigerian Oil Industry: The First Three Decades* (1958–1988) (Lagos: Starledger Communications, 1991).

60. Ikime, Obaro. *The Fall of Nigeria: The British Conquest* (New York: Africana Publishing Company, 1977).

61. Ikime, Obaro. *Merchant Prince of the Niger Delta: The Rise and Fall of Nana Olomu, Last Governor of the Benin River* (London: Heinemann, 1968).

62. John de St. Jorre. *The Brothers' War: Biafra and Nigeria* (Boston: Houghton Mifflin, 1972).

63. Johnson, H. A. S. *The Fulani Empire of Sokoto* (London: Oxford University Press, 1967).

64. Johnson, Samuel. *The History of the Yorubas from the Earliest Times*

to the Beginning of the British Protectorate (reprint, Lagos: CSS, 2001).

65. Joseph, R. *Democracy and Prebendal Politics in Nigeria: The Rise and Fall of the Second Republic* (Cambridge: Cambridge University Press, 1987).

66. Kapur, Devesh and John McHale, *The Global Migration of Talent: What Does It Mean for Developing Countries?* (Washington, DC: Center for Global Development, 2005).

67. Khan, Sarah Ahmed. *Nigeria: The Political Economy of Oil* (New York: Oxford University Press, 1994).

68. Latham, A. J. H. *Old Calabar, 1600–1891: The Impact of the International Economy upon a Traditional Society* (Oxford: Clarendon Press, 1973).

69. Law, Robin. *The Oyo Empire c.1600–c.1836: A West African Imperialism in the Era of the Atlantic Slave Trade* (Oxford: Clarendon Press, 1977).

70. Law, Robin. "'Legitimate' trade and gender relation in Yorubaland and Dahomey," in *From Slave Trade to "Legitimate" Commerce: The Commercial Transition in Nineteenth Century West Africa*, ed. Robin Law (Cambridge: Cambridge University Press, 1995).

71. Lovejoy, Paul E. and David Richardson, "Competing Market for male and female slaves: prices in the interior of west Africa, 1780–1850," *International Journal of African Historical Studies 28*, no. 2 (1995).

72. Lovejoy, Paul E. *Transformations in Slavery: A History of Slavery in Africa*, 2nd ed. (Cambridge: Cambridge University Press, 2000).

73. Lugard, Lord. *The Dual Mandate in British Tropical Africa*, 5th ed. (London: Archon Books, 1965).

74. Mack, Beverley B. "Women and slavery in nineteenth century Hausaland," in *The Human Commodity.*

75. Mann, Kristin. *Marrying Well: Marriage, Status and Social Change among the Educated Elite in Colonial Lagos* (Cambridge: Cambridge

University Press, 1985).

76. Marenin, Otiwini. "National service and national consciousness in Nigeria," *Journal of African Studies 17*, no. 4 (1979).

77. Martin, Susan. "Gender and innovation: farming, cooking, and palm processing in Ngwa region, south-eastern Nigeria, 1900–30," *Journal of African History 25*, no. 4 (1984).

78. Mba, Nina Emma. *Nigerian Women Mobilized: Women's Political Activity in Southern Nigeria, 1900–1965* (Berkeley: Institute of International Studies, University of California, Berkeley, 1982).

79. Momoh, Abubakar and Said Adejumobi, eds., *The National Question in Nigeria: Comparative Perspectives* (Aldershot, UK: Ashgate, 2002).

80. Na'Allah, Abdul Rasheed ed., *Ogoni's Agonies: Ken Saro – Wiwa and the Crisis in Nigeria* (Trenton, NJ: Africa World Press, 1998).

81. Nicholson, I. F. *The Administration of Nigeria 1900–1960: Men, Methods, and Myths* (Oxford: Clarendon Press, 1969).

82. Northrup, David. *Trade without Rulers: Pre-colonial Economic Development in South Eastern Nigeria* (Oxford: Clarendon Press, 1978).

83. Odetola, T. O. *Military Politics in Nigeria: Economic Development and Political Stability* (New Brunswick, NJ: Transaction Books, 1978).

84. Ohadike, Don C. *The Ekumeku Movement: Western Igbo Resistance to the British Conquest of Nigeria, 1883–1914* (Athens, OH: Ohio University Press, 1991).

85. Ohakike, Don C. "The influenza pandemic of 1918–19 and the spread of cassava cultivation on the lower Niger: a case study in historical linkages," *Journal of African History 22* (1981).

86. Ojo, Matthew A. *End-time Army: Charismatic Movements in Modern Nigeria* (Trenton, NJ: Africa World Press, 2006).

87. Okafor, Nduka. *The Development of Universities in Nigeria* (London: Longman, 1971).

88. Okpoko, Pat Uche and Paul Obi-Ani, "The making of an oligarchy in the Night of Biafra: perspectives on the Aro ascendancy," in *Precolonial Nigeria*.

89. Olaniyi, Rasheed. "Kano: the development of a trading city in central Sudan," in *Precolonial Nigeria*.

90. Olurode, Lai and Remi Anifowose, eds., *Issues in Nigeria's 1999 General Elections* (Ikeja: John West, 2004).

91. Olusanya, G. O. *The Second World War and Politics in Nigeria 1939–1953* (Lagos: University of Lagos and Evans Brothers, 1973).

92. Omu, Fred I. A. *Press and Politics in Nigeria, 1880–1937* (London: Longman, 1978).

93. Onah, J. K. *The Nigerian Oil Economy: From Prosperity to Glut* (New York: St. Martin's Press, 1983).

94. Osaghae, Eghosa. *Crippled Giant: Nigeria Since Independence* (London: Hurst & Co., 1998).

95. Painter-Brick, K. ed., *Soldiers and Oil: The Political Transformation of Nigeria* (London: Frank Cass, 1978).

96. Pakenham, Thomas. *The Scramble for Africa: White Men's Conquest of the Dark Continent from 1876–1912* (New York: Avon Books, 1991).

97. Peel, J. D. Y. *Religious Encounter and the Making of the Yoruba* (Bloomington: Indiana University Press, 2000).

98. Perham, Margery. *Lugard: The Years of Authority 1898–1945* (London: Collins, 1960).

99. Post, Kenneth and Michael Vickers, *Structure and Conflict in Nigeria 1960–1966* (London: Heinemann, 1973).

100. Sanneh, Lamin. *Abolitionists Abroad: American Blacks and the Making of Modern West Africa* (Cambridge, MA: Harvard University Press, 2001).

101. Sklar, Richard. *Nigerian Political Parties: Power in an Emerging African Nation* (Princeton, NJ: Princeton University Press, 1963).

102. Smith, Daniel Jordan. *A Culture of Corruption: Everyday Deception and Popular Discontent in Nigeria* (Princeton, NJ: Princeton University Press, 2007).

103. Taste, G. O. M. *Christian Missionary Enterprise in the Niger Delta, 1864–1918* (Leiden: E. J. Brill, 1978).

104. Tijani, Hakeem Ibikunle. *Britain, Leftist Nationalists and the Transfer of Power in Nigeria, 1945–1965* (New York and London: Routledge, 2006).

105. Tijani, H. I. ed., *Nigeria's Urban History: Past and Present* (Lanham, MD: University Press of America, 2006).

106. Trimingham, J. Spencer. *A History of Islam in West Africa* (Oxford: Oxford University Press).

107. Webster, James Bertin. *The African Churches among the Yoruba, 1888–1922* (Oxford: Clarendon Press, 1964).

108. Zachernuk, Philip S. *Colonial Subjects: An African Intelligentsia and Atlantic Ideas* (Charlottesville: University of Virginia Press, 2000).

圖片出處：

1、2、3、4、6、7、14、16、18、21、22、26、28：本局繪製

5、9、10、11、12、13、15、17、29、31：公有領域

8：United Nations Educational, Scientific and Cultural Organization (Wikimedia)

19：聯合國教科聯組織 (Wikimedia)

20、34：Shutterstock

23：Public Health Image Library (PHIL)

24：ICRC AUDIOVISUAL ARCHIVES

25：HelinäRautavaara (Wikimedia)

27：Zerzuran (Wikimedia)

32：Bayo Omoboriowo (Wikimedia)

30、33：作者提供

南非史——彩虹之國

南非經歷了長久的帝國殖民與種族隔離後，終於在1990年代終結不平等制度，完成民主轉型。雖然南非一路走來如同好望角的舊稱「風暴角」般充滿狂風暴雨，但南非人期待雨後天晴的日子到來，用自由平等照耀出曼德拉、屠圖等人所祈願的「彩虹之國」。

伊朗史——創造世界局勢的國家

曾是「世界中心」的伊朗，如今卻轉變成負面印象的代名詞，以西方為主體的觀點淹沒了伊朗的聲音。本書嘗試站在伊朗的角度，重新思考那些我們習以為常的觀念與說法，深入介紹伊朗的歷史、文化、政治發展。伊朗的發展史，值得所有關心國際變化的讀者深入閱讀。

國家圖書館出版品預行編目資料

奈及利亞史：分崩離析的西非古國／黃女玲著.－－
初版一刷.－－臺北市：三民，2020
面；　公分.－－（國別史）

ISBN 978-957-14-6898-3 （平裝）
1. 歷史 2. 奈及利亞

764.11　　　　　　　　　　　　　　109011439

國別史

奈及利亞史──分崩離析的西非古國

作　　者	黃女玲
責任編輯	王敏安
美術編輯	李唯綸

發 行 人	劉振強
出 版 者	三民書局股份有限公司
地　　址	臺北市復興北路 386 號 (復北門市)
	臺北市重慶南路一段 61 號 (重南門市)
電　　話	(02)25006600
網　　址	三民網路書店 https://www.sanmin.com.tw

出版日期	初版一刷 2020 年 10 月
書籍編號	S760050
I S B N	978-957-14-6898-3

三民書局